麦肯锡
高效框架

マッキンゼーで叩き込まれた超速フレームワーク：仕事のスピードと質を上げる最強ツール

Sachiyo Oshima
[日]大岛祥誉 著
董真真 译

北京时代华文书局

图书在版编目（CIP）数据

麦肯锡高效框架 / (日) 大岛祥誉著 ; 董真真译 . — 北京：北京时代华文书局，2023.1
ISBN 978-7-5699-4731-1

Ⅰ . ①麦… Ⅱ . ①大… ②董… Ⅲ . ①企业管理 Ⅳ . ① F272

中国版本图书馆 CIP 数据核字 (2022) 第 091426 号

MCKINSEY DE TATAKI KOMARETA CHOSOKU FRAMEWORK:
SHIGOTO NO SPEED TO SHITSU WO AGERU SAIKYO TOOL
by Sachiyo Oshima

Original Japanese edition published by Mikasa-Shobo Publishers Co. Ltd., Tokyo.
This Simplified Chinese language edition is published by arrangement with
Mikasa-Shobo Publishers Co. Ltd., Tokyo in care of Tuttle-Mori Agency, Inc., Tokyo
through Hanhe International (HK) Co., Ltd.

北京市版权局著作权合同登记号 图字：01-2021-0823

拼音书名 | MAIKENXI GAOXIAO KUANGJIA

出 版 人 | 陈　涛
策划编辑 | 周　磊
责任编辑 | 周　磊
责任校对 | 薛　治
装帧设计 | 程　慧　迟　稳
责任印制 | 訾　敬

出版发行 | 北京时代华文书局 http://www.bjsdsj.com.cn
北京市东城区安定门外大街 138 号皇城国际大厦 A 座 8 层
邮编：100011　电话：010-64263661　64261528
印　　刷 | 北京毅峰迅捷印刷有限公司　010-89581657
(如发现印装质量问题，请与印刷厂联系调换)
开　　本 | 880 mm×1230 mm　1/32　　印　　张 | 7.5　　字　　数 | 157 千字
版　　次 | 2023 年 7 月第 1 版　　印　　次 | 2023 年 7 月第 1 次印刷
成品尺寸 | 145 mm×210 mm
定　　价 | 45.00 元

人是使用工具的动物。离开了工具，人将一事无成；拥有了工具，人就无所不能。

（Man is a tool-using animal. Without tools he is nothing, with tool he is all.）

——托马斯·卡莱尔[①]

① 托马斯·卡莱尔（Thomas Carlyle，1795—1881），英国思想家、历史学家，在维多利亚时代颇具影响力，被看作是那个时代最重要的社会评论员，一生中发表了很多在维多利亚时代备受赞誉的重要演讲。他的主要著作有《法国大革命》《论历史上的英雄、英雄崇拜和英雄业绩》和《文明的忧思》。

前　言

刻有深深麦肯锡印记的“框架工作法”

框架可以显著提升工作效率

如果你是一名商务人士，往往会被要求按照近乎严苛的标准工作，比如“在限定的时间内，最大限度地创造利润”“不断提升逻辑能力，增强语言表达的说服力和感染力”等。

在这种情况下，本书将要介绍的“框架”（framework）将会成为你的助手，发挥至关重要的作用。简而言之，“框架”是“思维的架构”。通过使用“框架”，你可以有效地应对上述复杂局面，迅速并且准确地做出决策，高效解决各种问题，从而大幅提升工作效率，取得优异的工作成果。

一提到“思维的架构”，往往会给人一种晦涩难懂的感觉。但是，实际上，**只要按照“框架”逐步填写，你就可以顺利地进行思考、分析，并高效解决问题。**

比如当客户只是笼统地要求“思考一下关于酒的广告方案”时，你可能会感到无所适从，不知道应该从哪里下手。但是，如果客户将广告方案的要求限定为“以30至40岁的女性为对象，思考一下关于清酒的广告方案”（框架），情况又会发生怎样的变化呢？你是不是更容易想出具体的创意呢？与之相同，在工作现场，如果我们设定某种具体的限制条件（框架），往往能够大幅提升思考的效率，从而高效推进工作。

如果能更好地发挥框架的作用，我们就可以充分激发思维的活力。因此，与漫无目的地自由思考相比，使用框架更容易催生好的创意。

之前，我曾经在世界上首屈一指的著名咨询公司麦肯锡咨询公司（以下简称“麦肯锡”）担任咨询顾问。在麦肯锡工作期间，我总是面临着追求“质”“效”齐升和提高工作表现的巨大压力。也恰恰是在那段时间里，“框架”这个概念在我的内心留下了深深的印记。

说句实话，与同事们相比，我并没有多么出类拔萃，但我总能在第一时间响应客户的需求，并提出解决方案，取得理想的效果。我能做到这一点，全都要归功于框架。

实际上，自从我完全掌握了框架这个“秘密武器”后，我工作的“效率”和“质量”得到了飞跃式提升。可以毫不夸张地说，掌握了框架就找到了开启“超高效”工作状态的开关。

框架思维的基础是MECE原则

当养成了充分运用框架推进工作的习惯后，你自然就会形成事先设定某种框架，再搜集信息的“框架思维”。通过这种方法，你可以让自己拥有开阔的视野，从俯瞰全局的站位思考问题，并显著提升决策和沟通的技巧。

掌握框架思维主要有以下三个好处：

① 提升分析和验证的准确度；

② 具备快速决策能力；

③ 具备逻辑表达能力。

掌握框架思维的第一个好处是可以帮助我们养成“不遗漏、不重复”地梳理各种信息的习惯，从而提升分析和验证的准确性，有利于更加轻松地了解情况和决策。这种“不遗漏、不重复”的思维方法被称为MECE（Mutually Exclusive, Collectively Exhaustive）原则[①]，是充分运用框架时必须深刻理解的重要概念。

MECE原则是一种“不遗漏、不重复”地对分析对象进行分解

① MECE原则是一种将解决思路与回答进行“分类”的原则，由麦肯锡的咨询顾问巴巴拉·明托（Barbara Minto）在《金字塔原理》一书中首次提出，随即被奉为解决思路的圭臬。其核心在于分析问题时尽量做到对问题不重复、不遗漏地分类，这样既能有效把握问题的核心，又能提供直观解决问题的方法。

和分类的框架，是麦肯锡使用的基本逻辑思维方法，时至今日仍然享有盛誉，具有很大的影响力。

下面我们一起来了解一下MECE原则，如图0-1所示。

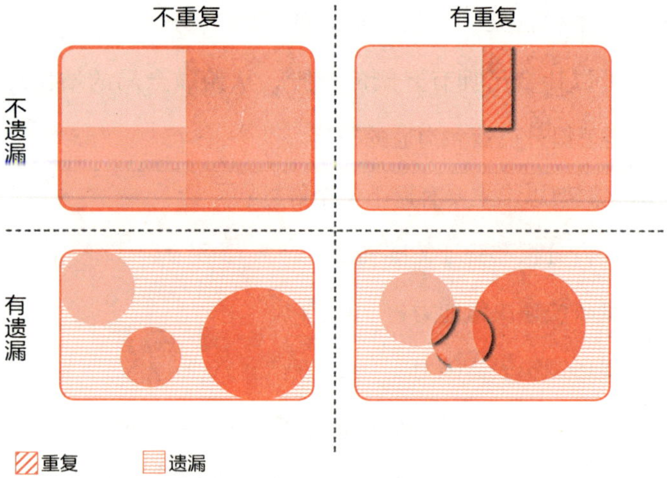

图 0-1　MECE 原则

也许当你想要解决某个问题时，你却发现它本身包括许多交织在一起的错综复杂的因素，如果不讲策略地胡乱分析，很可能会导致重复或遗漏，最终达不到理想的效果。

但是，如果能转变一下思路，将分析对象拆分成一个个细分要素，并**确认这些要素都符合MECE原则的要求，不存在遗漏或重复的现象，就更容易接近问题的本质。**

此外，在使用MECE原则时，我们应该注意要从全局和整体的角度考虑问题，与“不重复”相比，要更加注重“不遗漏”。在考虑问题的时候，真正重要的并不是要求大家“机械”地追求完美地做到MECE原则，而是重点培养按照MECE原则考虑问题的意识。

接下来，我们看一看“具备快速决策能力”和“具备逻辑表达能力”。

在当今时代的商务场合中，“具备快速决策能力”是一个非常大的优点。在养成了框架思维的意识后，你可以显著提升工作效率和决策速度，这样就能在竞争中占据先机。

“具备逻辑表达能力”更是商界成功人士不可或缺的基本条件。框架思维可以帮助大家准确地搜集梳理信息、提升逻辑表达技巧，培养更具说服力的表达方式。

框架可以大体分为“要素分解”“流程观察”和“对比”三大类型

在日常生活中，各种各样的框架屡见不鲜。虽然它们的用途和难度各不相同，但是总体看来，可以大体分为以下三大类型：要素分解型框架、流程观察型框架、对比型框架，如图0-2所示：

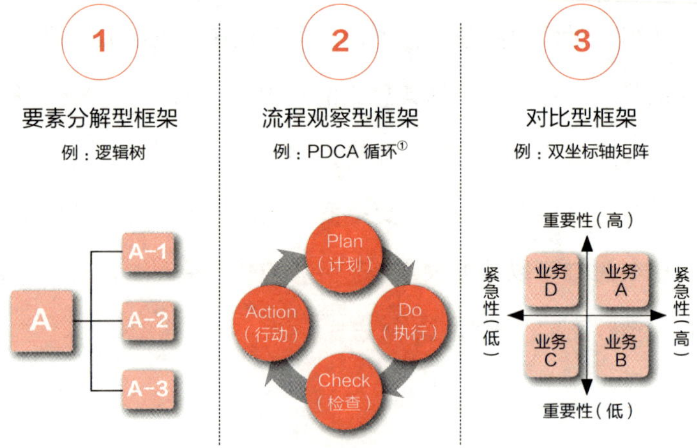

图 0-2　框架的三大类型

可能有人会质疑：“难道只有这么几类框架吗？”实际上，绝大多数框架都可以纳入这三大类型。

下面，我们就依次来看一下这三类框架。

第一类是要素分解型框架。这种类型的框架往往会将问题或课题拆分成若干要素，并深入研究其结构和机制。除了上文中介绍的MECE原则以外，比较典型的要素分解型框架还有本书中将会介绍的逻辑树（第三章）和3C分析法（第四章）。

第二类是流程观察型框架。这种类型的框架往往会将业务或事物的发展顺序分解成为若干流程，并进行深入分析。平时常用的PDCA循环（第九章）就属于这一类型。此外，比较典型的流程观察型框架还有本书中将会介绍的价值链分析（第七章）和体验式学习模型（第九章）。

第三类是对比型框架。这种类型的框架往往会设置“量”和“质”、“重要性”和“紧急性”等坐标轴，并据此展开分析。本书中将会介绍的SWOT[①]分析法（第四章）和双坐标轴矩阵（第五章）等都属于这类框架。

使用框架时，重要的事情就是根据目的和状况选择最合适的分析问题的框架。通过使用最合适的框架，我们可以高效解决自己面临的问题甚至是难题，并将其作为分析、验证、决策、沟通和交流时的“有力武器”，在关键时刻发挥重要作用。

本书介绍的框架都是商业领域经常会用到的。可以说，本书

---

① SWOT是Strengths（优势）、Weaknesses（劣势）、Opportunities（机会）、Threats（威胁）的首字母组合。

是一本提升工作技巧的“宝典”。

请各位读者努力寻找适合自己的框架，然后充分运用它们去解决问题。当你熟练地掌握这些“武器”，并找到属于自己的使用方式后，你就会惊喜地发现自己的工作技巧有了飞跃式的进步，自己的能力有了显著提升。

目　录

第一部分
问题解决框架

第一章

防患于未然的“空—雨—伞”

本章介绍的其他框架：5W1H

养成统筹考虑“事实”“解释”和“解决方案”的习惯

在商务场合和日常生活中，我经常会使用一种被称为“空—雨—伞”的问题解决框架，如图1-1所示。当我还在麦肯锡工作时，一旦遇到必须拿出解决方案的棘手问题，我总会选择“空—雨—伞”，并充分发挥其作用。

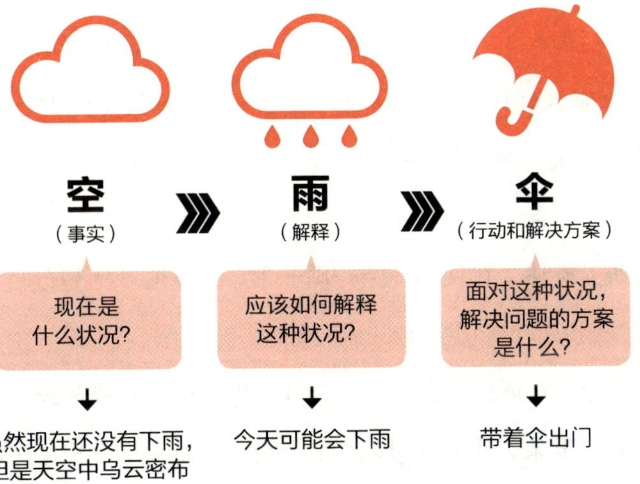

图 1-1　空—雨—伞

下面，我将结合具体实例进行说明。

比如我早晨准备外出，观察了一下天气，发现天空中乌云密布，于是我意识到“今天可能会下雨”，便决定带着雨伞出门。结果，真的像我预判的那样，中午的时候就下起雨来了。

由于预判准确，我是带着伞出门的，因此没被雨淋。

这里的“空”指的是“现在是什么状况”，也就是“事实”，是对“晴空万里”或者“乌云密布”等事实状况的描述。

接下来的“雨”指的是“上述事实对于自己而言具体意味着什么”，也就是“解释”。比如基于“天空中乌云密布”的事实，我可以做出“可能今天会下雨”的解释。

最后的“伞”指的是在事实（当前状况）和解释的基础上，实际上应该选择的“行动和解决方案”。这就意味着，我可以总结出“天空中乌云密布（事实和当前状况）→今天可能会下雨（解释）→带着伞出门（解决方案）”的思维流程。

如上所述，在使用“空—雨—伞”框架时，通过分析了解现状，我们可以推导出适当的解决方案。

无论是在商务场合，还是在日常生活中，只要掌握了“空—雨—伞”框架，我们就可以做到防患于未然，即使已经出现了问题，也能够妥善、高效地解决。

如果我们只发现了问题，是无法真正解决问题的，我们还必须认真思考，积极寻求正确的解释和问题解决方案，如图1-2所示。因此，我们应该养成统筹考虑“事实”“解释”和“解决方案”的习惯，这一点至关重要。

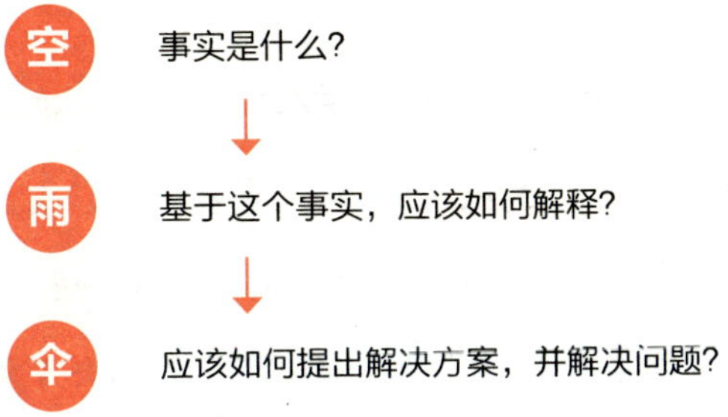

图 1-2　用“空—雨—伞”解决问题

从事实出发，精准预测问题，做到防患于未然

在观察天气后，我判断可能今天要下雨，于是带着伞出门，最终避免被雨淋。与之相反，如果我没有看天气，或者我看了天气判断不会下雨，于是没带伞，我就会被淋成落汤鸡。

也就是说，如果想不到“带着伞出门”的解决方案，我就只能被迫冒雨前行，或者在途中买伞，又或者找地方避雨，**最终不得不付出时间、金钱，弄得自己心情不好，或者做出某种牺牲。**

正如观察天气后如何做出解释，决定了所选解决方案正确与否一样，如何对事实进行解释，是思考最优解决方案时的决定性因素。

比如当你和异性第二次约会时，你觉得对方非常不错，想要长期交往下去，但是你完全不了解对方的想法。你们第一次约会算是比较成功的，对方也比较满意，于是直接答应了第二次约会的邀请。这样一来，能否与对方长期交往，就取决于第二次约会的情况了。

在这种情况下，你通过第一次约会，**搜集了多少关于对方的信息和事实，并且根据这些事实能够做出怎样的解释就显得至关**

重要了。

你们的第二次约会是两个人一起去游览非常受欢迎的主题公园。在出发之前，你就预想到周末公园里会非常拥挤。于是你提前订了门票，你们入场的时候非常顺利。但是，在入场之后，你们还是被公园内人头攒动、摩肩接踵的场景吓了一跳。如果想要玩那些小有名气的游览项目，往往排队时间要一两个小时。由于没有提前准备，因此双方陷入了沉默之中，长时间无话可说，局面一度非常尴尬。

结果，在排队等待的过程中，双方聊得并不开心，最终各自拿出智能手机打发时间。你好不容易取得的对方对你的好感也慢慢消失，看来这次约会的结局肯定是“以失败告终”了。

然而，在这种局面下，如果你能够充分发挥“空一雨一伞”的作用，结局就会完全不同。因为在“空一雨一伞”的框架下，你可以以上次约会搜集到的各种信息为基础，提前准备解决方案。就算排队等待的时间很长，也都在你的掌控范围之内。你可以提前了解约会对象喜欢的事物，准备对方感兴趣的话题，从而避免“冷场”带来的尴尬局面，避免对方对你产生厌烦情绪。

在排队等待的过程中，如果你能寻找到有趣的话题，和对方愉快地交流，就意味着整个约会成功了一半。

如果等到约会结束之后，再去寻找“冷场”的解决方案，是没有任何意义的。

如果你被雨淋了，浑身湿透了，再去后悔“早知道这样，带着伞出门就好了”，已经于事无补。

接下来，我们试着用“空—雨—伞”的框架，来分析上述实例，如图1-3所示。

空（事实）　节假日期间前往主题公园约会，预计游客很多

↓

雨（解释）　预想到人很多的情况，可能会导致长时间排队等待，因此对方会感到无聊，影响约会效果

↓

伞（解决方案）　提前了解对方喜欢的事物，准备对方感兴趣的话题，确保顺利度过排队等待的时间

图1-3　用“空—雨—伞”准备约会

从“笔直的烟囱”中预测到火灾的客人

无论是在商务场合还是在日常生活中，每当遇到问题时，我们都应该想方设法迅速解决。不管你搜集了多少关于现状的事实（信息或数据），只要无法做出正确的解释，或者拿不出行之有效的解决方案，就没有任何意义。

在《汉书·霍光传》中，有这样一个故事。

在中国古代，有一户人家新建好一栋房子，亲朋好友都来祝贺。有一位造访的客人看到这栋房子炉灶的烟囱是直的，并且在炉灶附近还堆积了不少用来烧火的柴草。他觉得这非常危险。

于是，这位客人赶紧对主人提出建议说：“你家厨房里的烟囱是笔直的，这样火星很容易从烟囱飞出去，落到房顶上引起火灾。你最好在灶膛与烟囱之间加一段弯曲的烟道，这样就安全多了。另外，你最好马上将柴草搬到远离炉灶的地方，否则可能会引发火灾。”但是，主人对这些话不以为然。

过了几天，真的被那位客人说中了，烟囱喷出的火星引发了大火，火势蔓延到了整个房子。闻讯赶来的邻居纷纷加入救火大军，有的头发被烤焦了，有的额头被烧伤了。最终，在大家的共同努力下，大火被扑灭了。房子的主人非常感动，于是杀牛备酒款待邻居。主人安排被火烧得焦头烂额的人坐在上位，其他人按功劳依次就座，但是主人并没有请那个建议改造烟囱、搬走柴草的人。

有人看到这个场景，觉得不妥，于是就对主人说："如果你当初听了那位客人的话，不需要杀牛备酒就可以消除火灾的隐患了。你现在设宴款待帮助你灭火的人是理所应当的，但我觉得你最应该感谢的人，恰恰是最初劝你'改造烟囱、搬走柴草'的人，你觉得对吗？"

在听到这番话后，主人幡然醒悟，觉得很有道理，赶紧去邀请之前向他提出建议的客人，专程表达谢意。

与那些出现问题后努力弥补的人相比，在发生问题前就发出警报的人才是更为重要的。

如果按照"空—雨—伞"的框架来分析这个故事，就会得出下面的情况说明，如图1-4所示。

客人看见事实后，做出了可能会引发火灾的解释，并向房子主人提出了"改造烟囱、搬走柴草"的解决方案。但是，房子的主人并没有听进劝告，完全没将这件事放在心上。如果他能听从客人的建议，本来是可以避免火灾发生的。

正如目睹火灾现场混乱局面的人所说的那样，在发生问题或事故后，努力解决问题是非常重要的。但是，与之相比，提前观察事实并做出解释，预测到可能发生的情况，然后提出解决方案，最终防患于未然的做法才是更有价值的。

这就是成语“曲突徙薪”的典故。

空（事实） 烟囱是直的，炉灶附近摆放着许多易燃的柴草

↓

雨（解释） 可能会引发火灾

↓

伞（解决方案） 提出“改造烟囱、搬走柴草”的建议

图 1-4 用“空—雨—伞”分析“曲突徙薪”

在上网或读书看报时，切忌囫囵吞枣

观察天气发现“乌云密布”后推测“可能要下雨”，看到“烟囱是笔直的、柴草在炉灶附近”后推测“可能要引发火灾”，这些都是可信度较高的假设。然而，在现实的商务场合中，许多时候，想要提出具备高可信度的假设是非常困难的。反过来看，如果能够确立具备高可信度的假设，就意味着找到了解决问题的目标。

为了实现这个目标，我们需要搜集作为前提的事实，这一点至关重要。

在这种情况下，关键在于尽可能搜集原始信息，而不是二次信息。二次信息是指通过第三方获取的信息，比如网络、报纸、杂志、电视、电台等媒体发布的信息或者从身边的人那里听说的信息。

当然，二次信息也是非常重要的。但是，由于信息经过了第三方“过滤”、加工，因此不再是严格意义上的事实。原始信息在经过加工和编辑后，第三方价值观的色彩会表现得更为浓厚。作为第三方，个人或媒体的“看法”“见解”并不一定正确，有时甚至会出现蓄意歪曲事实或结论的情况。

我在麦肯锡工作时，时任麦肯锡日本分公司总经理的大前研一先生经常会说：“对于报纸上刊载的东西，我们决不能囫囵吞枣，照单全收。”

报纸上刊载的内容是经过记者们“过滤”的事实，并不是真正意义上的事实。

在读到有用的新闻报道后，我会第一时间联系作者，并且直接约他见面，或者申请进行访问，以便听取第一手信息。为了提出具备高可信度的假设，制定切实有效的解决方案，我们需要在现场进行彻底调查研究、搜集原始信息，这一点至关重要。

实现改善的关键在于现场

假设你是一名咨询顾问，当上司下达命令，要求“调查作为客户的汽车经销商营业收入大幅下降的原因，并提出改善方案”时，你应该怎么做呢？

在这种情况下，你必须先考虑“空”。这是因为如果不能正确掌握当前的状况，就难以查明原因，也无法提出改善方案。

为了搜集优质信息，你需要亲自到现场，这一点非常重要。通过前往现场，你可以提高获取准确的原始信息的概率。

在亲临现场之后，你可以尝试听取购车者（“客户的客户”）的意见。

“你为什么会选择买这家经销商的车呢？”

“你不选择其他经销商的车的理由是什么？”

“在买车时，你最重视的因素是什么？”

“在换车时，你决定继续选择这家经销商的理由是什么？”

“与其他经销商相比，你希望这家经销商在哪些方面进行改进呢？”

通过提出这些问题，你可以从根本上探寻这家经销商营业收入下降的原因。如果你不知道销售现场到底发生了什么事情，就

无法推导出具备高可信度的假设，也就无法提出有效的解决方案。请一定要牢记这一点！

下面，我们结合实例来分析一下。

在前往现场之前，如果你光是看到经销商的复购率[①]下降的数据，你可能会提出一种假设，认为“可能是销售人员和客户之间沟通交流不足，销售人员没有做好客户关系管理”，如图1-5所示。

空（事实）　经销商的营业收入不断下降

↓

雨（解释）　可能是销售人员和客户之间沟通交流不足，销售人员没有做好客户关系管理

↓

伞（解决方案）　采取措施，增强销售人员与客户之间的联系

图 1-5　最初的“空—雨—伞”

对于汽车这样的高价商品而言，销售人员与客户之间的关系在很大程度上决定着销售业绩，这是行业内公认的规律。因为大家普遍认为，销售人员是否定期走访客户，是关系到能否提升营业收入的关键。

① 复购率（repeat rate）是指重复购买品牌产品和服务的消费者数量与购买品牌产品和服务的消费者总数的比率。复购率越高，则消费者对品牌的忠诚度就越高，反之则越低。

但是，这个最初的“空—雨—伞”是不合理的。

在听取了详细情况后，你会发现，**客户对销售人员定期上门走访的做法是非常反感的**。随着时代发展，当今社会的工作和生活节奏不断加快，人们好不容易有周末休息的时间，却被销售人员上门打扰，心里自然是非常不情愿的。

合理的假设是解决问题的关键

客户在换购新车时，选择了服务更为高效的其他经销商。当然，那家被选定的经销商并没有派销售人员定期走访或上门联络感情。

在实际听取情况后，你会发现销售人员与客户之间的人际关系非但没有成为助推营业收入提升的动力，反而变成了促使营业收入下降的原因。这凸显了一个令人感到意外的事实，那就是"客户实际上并不喜欢过于密切的人际关系"。

根据这一结果，你向经销商提出了一个全新的建议，希望经销商能调整客户关系管理方式，以解决营业收入持续下降的问题。在这一问题解决方案中，你建议经销商彻底取消销售人员定期走访客户的传统做法，转而开设客户服务中心满足客户需求。同时，在服务人员的选择方面，特意安排女性专员接听电话，加强与客户沟通交流。

通过这一系列措施，经销商的营业收入逐渐回升。

我们再从头梳理一遍。

通过实地了解，你发现了客户并不欢迎销售人员定期走访的真实情况。

因此，你提出了“客户可能不喜欢过于密切的人际关系”的解释。这个解释是一种假设，就是假想的判断和答案。

然后，根据上述假设，你判断与上门走访的推动型营销相比，吸引客户来店的拉引型营销明显更为有效。

最终，你向经销商提出了让销售人员停止定期走访客户，转而开设客户服务中心的解决方案。

上述情况如图1-6所示。

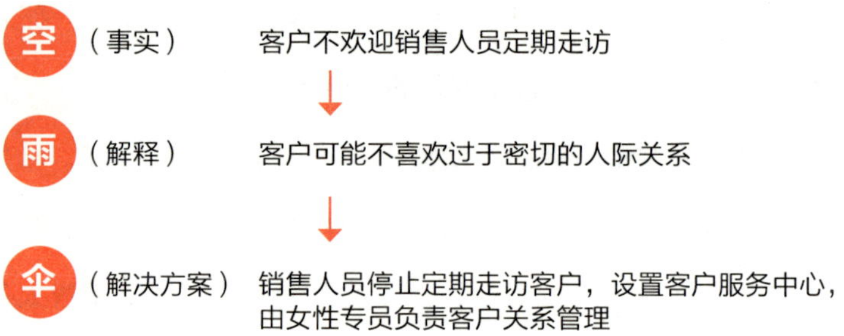

图 1-6　修改完善后的“空—雨—伞”

正如上述事例所示，**能否提出合理的假设，是决定能否解决问题的关键。**通过使用“空—雨—伞”，**可以显著提升我们的规划能力和思考速度。**此外，这还有利于提高说服力，从而**“质效兼备”**地开展工作。

由此可见，**亲临现场获取原始信息，从中得出适当的解释，并推导出合理的解决方案，**是至关重要的。

倾听三个人的意见，就能搜集到高质量的信息

如上文所述，在搜集原始信息时，你必须主动倾听，这一点是不可或缺的。一般来说，人们最愿意选择的倾听对象当然是购买本公司产品和服务的顾客。除此之外，倾听自己的生意伙伴、原料供应商、分包商等的意见也是非常有用的。

只不过有时倾听是非常困难的，需要付出许多精力。

在这种情况下，你可以选择主动前往使用产品和服务的工作现场和经销店，观察顾客的真实状态。顾客在现场无意间谈论的话题，很可能会成为宝贵的意见和信息，为你改进工作提供参考和依据。

谈到这里，许多人可能会有一个疑问：“究竟应该倾听多少人的意见呢？”从我的经验来看，如果你能选择三个人并认真倾听他们的讲话，必然能够搜集到高质量的信息。

实际上，根据被誉为可用性测试鼻祖的雅各布·尼尔森[①]博士的研究，如果对三名客户进行测试，基本上能发现所有应该解决问题中的70%，如果对五名客户进行测试，应该能发现85%左右

① 雅各布·尼尔森（Jakob Nielsen）是人机交互博士、网页易用性测试专家。

的问题。同样，在倾听时，如果能选择三到五人作为对象，基本可以获取必要的信息。

根据他的理论，最多选择15人进行测试，就可以发现全部应该解决的问题。由此可见，如果选择倾听的对象超过了15人，得到的结果极可能是和倾听对象为15人时基本一致的。

有个著名的寓言故事叫作“盲人摸象”。在这个故事中，七位盲人遇见了一头大象。

于是，他们纷纷按照自己的感觉来描述大象。摸到大象耳朵的人说：“大象像一把蒲扇。”摸到大象腿的人说：“不对，大象像一根圆柱子。”摸到大象尾巴的人说：“大象像一根粗绳子。”摸到大象身体的人说：“大象像一堵墙。”摸到大象鼻子的人说：“大象像一条蛇。”摸到大象嘴的人说：“大象像一个大箱子。”摸到大象牙齿的人说：“大象像一支长矛。”结果大家各执一词，现场一片混乱，如图1-7所示。

由于这些描述都是盲人做出的，因此，**解释的内容全都是“部分”，而不是“整体”。**每个人都想对外传递“事实”，但是错误的信息拼接在一起，与“大象真实的形象”大相径庭。

由此可见，**错误的认识只能推导出错误的答案。**当这头大象堵住了道路，只有将它移走才能让交通恢复正常时，想必这七位盲人也是难以提出“正确的解决问题的措施”的。

正如大象的例子所表达的那样，我们最开始应该做的是**获取**

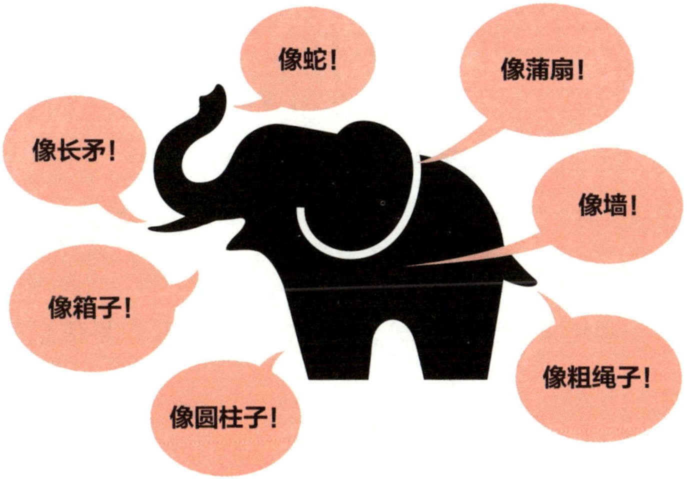

图 1-7　盲人摸象的结论

可以看清大象整体形象的优质信息，然后正确认识大象堵住了道路的事实。也就是说，我们要完整地把握“当前的整体状况”。

在倾听时，我们不仅要看到眼前发生的状况，还要深入挖掘问题的本质。以上文提到的汽车经销商为例，我们不仅要直接解决营业收入减少的问题，还要认真思考“为什么会发生这种情况（营业收入减少）”“怎样才能避免这种局面”。

这样一来，通过明确“真正的问题和课题是什么”，我们可以精准地提出假设，并瞄准目标提出解决问题的具体措施。如果不遵循这一规律，提出的措施只能是肤浅的、幼稚的、不成熟的，根本无法真正解决问题。

通过5W1H接近问题的本质

在倾听时，作为实际提问的方式，最为实用的就是5W1H[①]分析法，如图1-8所示。

为了避免采访流于形式，单纯沦为搜集和积累信息的工

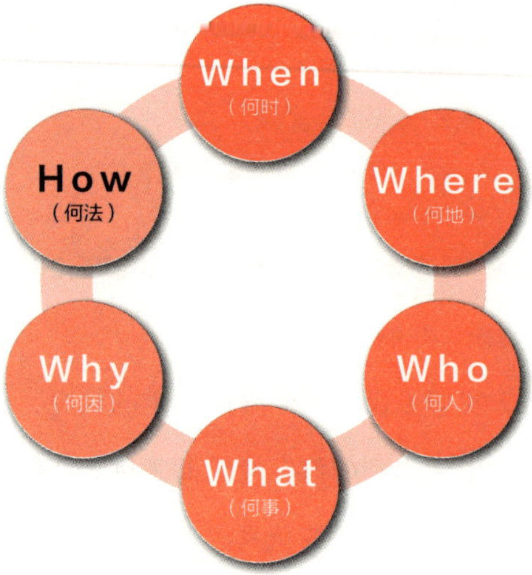

图 1-8　5W1H 分析法

① 5W1H分析法也叫六何分析法，其对选定的项目、工序或操作，都从Who（何人）、When（何时）、Where（何地）、What（何事）、Why（何因）和How（何法）六个方面提出问题并思考。

具，我们应该按照5W1H分析法进行提问，弄清“Who（何人）”“When（何时）”“Where（何地）”“What（何事）”“Why（何因）”“How（何法）”。

比如在上文提到的汽车经销商的例子中，可以按照表1-1中的问题进行提问。

通过这些提问，有利于我们掌握“究竟发生了什么事情”“发生事情的本质是什么”。

表 1-1　5W1H 提问表

项目	问题
Who（何人）	什么样的人会买车呢?
Why（何因）	为什么客户会买这家经销商的车呢? 为什么在换购新车时，客户不再选择这家经销商了呢?
What（何事）	客户买过哪个车型的车? 客户对这家经销商有什么要求?
When（何时）	客户为什么在这个时间买车? 客户计划在什么时间下单?
Where（何地）	客户计划在哪里使用购买的车辆?
How（何法）	客户是如何决定买车这件事的? 客户是自己单独决定购车的，还是召开家庭会议决定购车的?

这些提问最终可以帮助我们了解到“客户不希望销售人员定期走访”的真实想法，从而提出“客户不喜欢过于复杂的人际关系”的合理假设。

在这个例子中，你考虑到“经销商营业收入出现大幅下降，因此决定前往经销商那里试着了解情况”。这种针对眼前发生的情况（事例）进行应对处理，并思考解决方案的思维方式，属于**“被动反应型”**。也就是说，**其特点是针对暴露出的问题追溯原因，并提出解决措施。**

与之相对，还有一种**“积极主动型”**的思维方式。在这种思维方式下，人们会先提出自己的假设，比如“本来想要做什么”“本来应有的态度是什么”，然后积极解决那些**“潜藏在内部并未暴露出来的问题”**。

那些在工作中业绩出色的人，往往都属于积极主动型，会预先提出问题、明确目标。

第二章

挖掘出真正问题的“So what？”“Why so？”

“因果关系”与“关联关系”之间的区别

不仅在商业领域，社会中发生的各种现象都必然存在着某种诱因。但是，如果忽视导致现象的真正原因，单纯依据眼前的问题或表象做出判断，是无法真正解决问题的，反而还可能导致问题越来越严峻、越来越复杂。

如果想要解决问题，最重要的就是保持怀疑的态度，针对某种现象的解释，多问几遍“是不是真是这么回事”。

“真正的问题究竟是什么？”“真正的原因究竟是什么？”“真正的目的究竟是什么？”我们必须像这样认真地向自己提问，并**创造性地挖掘出符合逻辑的“真正的问题”**。此外，我们还有必要明确**“issue”（要点）**的概念。

所谓“issue”一般可以翻译为“论点”“议题”“课题”等意思。但是，在管理学的决策领域，对思维逻辑进行结构化表达时，issue特指“当时应该思考、讨论的内容”。在本书中，我将其定义为**“最重要的课题”**，是解决问题的关键。

在明确具体的“issue”时，我们必须充分思考“应该做什么”“对方关注的焦点是什么”，然后归纳总结出“思考、讨论的目的”。

如果在明确具体的issue时出现了理解上的偏差，不管你推理的逻辑多么缜密、细致，都是没有任何意义的。

因此，在明确具体的issue时，你需要**洞察事物的“因果关系”**，这一点是至关重要的。

所谓因果关系，是指**“原因”及其带来的“结果”**。也就是说，由于有了作为原因的事件A最终导致作为结果的事件B发生的关系。

“关联关系”是经常与因果关系一同使用的词语。这两个词非常相似，但是表达的意思并不相同。请大家在使用时注意区分，以免误用。

关于两者之间的差异，具体如下所述：

因果关系是指针对结果具有直接原因的关系。

关联关系是指针对结果具有相关性，可能是导致结果的原因，但是不能判断为直接原因的关系。

比如有A、B两种现象，“如果A的数值升高，B的数值也会随之升高”，说明两者之间具有一定的相关性。但是，无法据此判断“A的数值升高是导致B的数值升高的原因”。

虽说A和B之间具有关联关系，但并不意味着A和B一定存在因果关系。

如果能明确原因和结果，就可以发现解决问题的方法

比如针对“雨天公交车容易晚点”这一现象，我们可以讨论一下：“雨天”与“公交车容易晚点”之间是因果关系，还是关联关系，或是完全没有关系？

下面，我们来思考以下四个因素：

① 下雨天公交车的运行速度比较慢；

② 下雨天乘客人数增加，与平时相比，上下车花费的时间更多；

③ 下雨天乘客随身带的伞等物品增加，上下车变得更困难；

④ 下雨天公交车候车亭和站台的地面湿滑，导致许多人赶公交车时跑得慢，没能赶上公交车。

在这个阶段，我们是无法发现最重要的议题的，明确不了“雨天公交车容易晚点”的原因，也就无法找到解决问题时应该改善的关键。

因此，我们需要使用“So what? ”（因此，结果是什么？）和“Why so? ”（这是因为什么？）的框架进行深入挖掘。

所谓“So what? ”，是指在发生某种现象时，针对其会带来什

么样的结果进行提问。

所谓**“Why so? ”，是指在发生某种现象时，针对其原因是什么进行提问。**

这样一来，通过明确原因和结果，我们就可以发现解决问题的方法。

下面，我将使用“So what? ”和“Why so? ”的框架，对第一个因素“下雨天公交车的运行速度比较慢”进行提问，如图2-1所示。

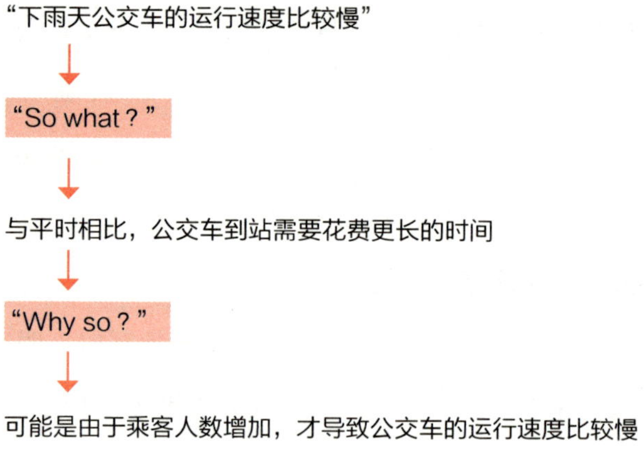

图 2-1　对“下雨天公交车的运行速度比较慢”提问

然而，这只是你的想法和判断（可能是由于乘客人数增加，才导致公交车的运行速度比较慢）而已，根本谈不上是“因果关系（原因→结果）”。

也就是说，即使“下雨天公交车的运行速度比较慢”与“下雨天公交车容易晚点”的现象之间存在着关联关系，也不意味着它们一定就是因果关系。

实际上，如果遇到暴雨等特殊情况，出于安全考虑，公交车会被要求降低行驶速度。如果是普通的雨天，公交车往往会按照正常速度行驶。由此可见，之所以会出现“下雨天公交车容易晚点”的现象，并不是由于公交车运行速度比较慢造成的，而是因为其他因素导致行车时间表出现混乱。

如果使用“So what? ”和“Why so? ”的框架进行提问后，出现了不符合逻辑的情况（比如上文中出现的“可能是由于乘客人数增加，才导致公交车运行速度比较慢”），就意味着我们并未发现与解决问题相关的重要议题或假设。

通过反复问“为什么”，找到真正的原因

下面，我们一起研究一下第二个因素“下雨天乘客人数增加，与平时相比，上下车花费的时间更多”，如图2-2所示。

“下雨天乘客人数增加，与平时相比，上下车花费的时间更多”

↓

“Why so ? ”

↓

平时步行或骑自行车上班、上学的乘客，不得不选择乘坐公交车出行；预计雨天公交车运行变慢从而可能导致自己迟到的乘客，出门坐车的时间比平时更早

↓

“So what ? ”

↓

下雨天，不仅乘客比平时多，而且他们随身携带的雨伞等物品也会相应增加，导致上下车需要花费更多时间

↓

“So what ? ”

↓

由于乘客上下车需要花费更多时间，因此公交车在车站的停车时间变长，最终导致公交车运行速度变慢

图 2-2　对“下雨天乘客人数增加，与平时相比，上下车花费的时间更多”提问

在这种情况下，通过箭头连接的各个要素之间是相互关联的，并且都与“雨天公交车容易晚点”这一现象的直接“原因和结果”紧密相关。

因为脑海中有了“So what？”和“Why so？”这种因果关系的意识，在处理问题时，我们的思维会变得格外敏锐，解决问题的速度也会随之大幅提升。

当你去问曾经在麦肯锡工作过的人“麦肯锡的框架中给你印象最深的是哪个”时，恐怕所有人都会回答**“So what？”**。

实际上，从入职麦肯锡的那一刻起，所有的员工都会牢牢地记住“So what？”。

正因为如此，无论是面对客户，还是在公司内部，麦肯锡的咨询顾问时刻以“So what？”的思维方式去思考问题、撰写报告和发表演讲。

然而，这种做法并不是麦肯锡独有的。

日本汽车制造巨头丰田汽车公司，就创造了一种被称为**“多重归因分析”**的方法，在具体应用时，需要**反复问五次“为什么”**，如图2-3所示。

这是因为通过反复问“为什么”，可以揭开问题的本质，找出真正的原因。

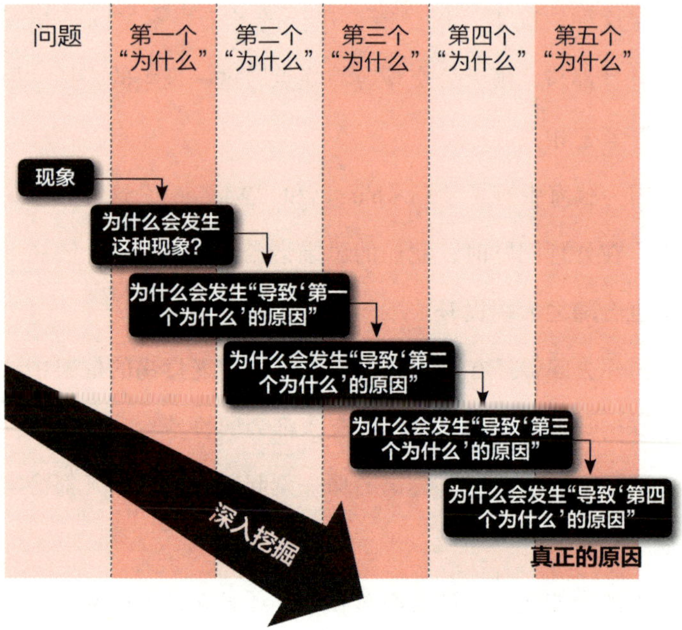
问题
第一个“为什么”
第二个“为什么”
第三个“为什么”
第四个“为什么”
第五个“为什么”
现象
为什么会发生这种现象？
为什么会发生“导致‘第一个为什么’的原因”
为什么会发生“导致‘第二个为什么’的原因”
为什么会发生“导致‘第三个为什么’的原因”
为什么会发生“导致‘第四个为什么’的原因”
真正的原因
深入挖掘

图 2-3　多重归因分析

“So what？”“Why so？”也可以用来应对工作中的人际关系难题

与其他框架相同，“So what？”和“Why so？”也具有很强的实用性，可以应用于各种各样的场景。

例如，当你为如何处理与上司之间的关系而感到烦恼不已时，可以试着使用“So what？”和“Why so？”，细致地进行分析梳理，如图2-4所示。

通过“So what？”和“Why so？”对情况进行细致梳理后，最终浮现出了“无法顺利地向上司传递信息”的重要课题。

为如何处理与上司之间的关系感到烦恼不已

↓

“So what？”

↓

上司不给安排重要的工作

↓

“Why so？”

↓

被上司误解

↓

“Why so？”

↓

与上司之间沟通不畅

↓

“Why so？”

↓

无法顺利地向上司传递信息

↓

“Why so？”

↓

怕得罪上司，怕破坏单位的和谐氛围

图 2-4　对“为如何处理与上司之间的关系感到烦恼不已”提问

明确issue意味着向解决问题又迈进了一步

可以说，发现问题本身就是向解决问题的目标迈进了一步。挖掘出隐藏着的“最重要的课题”，并将其转化为必须解决的课题，有利于顺利解决问题。

我们结合上文的实例进行思考，如果追究“为什么无法顺利地向上司传递信息”的原因，那就是自己有“怕得罪上司”“怕破坏单位的和谐氛围”等顾虑。

也就是说，因为过分担心自己会遭到上司批评，让上司感到厌烦，所以选择保守处理，导致出现了原本应该汇报的情况没有完整地向上司表达的问题。

此外，这还暴露出了一个重要问题。那就是自己考虑到多一事不如少一事，与其打破单位一团和气的和谐氛围，不如保持沉默，导致向上司汇报情况不充分。

于是，你可以发现你强加在自己身上的“怕破坏单位的和谐氛围”的“心灵枷锁”，才是真正需要解决的问题。因此，你只要深入挖掘如何对待“怕破坏单位的和谐氛围”的思维误区，问题就迎刃而解了。

真正的问题可以帮助你探寻事物的本质

在上文中，以工作场合中存在的问题为例对如何使用“So what? ”和“Why so? ”进行了分析。但是，“So what? ”和“Why so? ”的适用范围非常广泛，绝不仅仅限于工作场合。

比如有位朋友找你商量说：“我想提升英语的口语能力，但是心里面很纠结，不知道应该选择A英语培训学校，还是选择B英语‘私教’，想听听你的意见。”

在这种情况下，这位朋友“是选择A英语培训学校，还是选择B英语‘私教’”就变成了一个需要思考的问题。但是，这还只是一个表象，如果只是局限在这个层面，是无法发现真正需要解决的课题的。这是因为这位朋友根本没有搞清楚自己“提升英语口语能力的真正目的”。

因此，这个问题就是“伪提问”。在工作场合，如果有人向你提出某个“问题”，你需要养成良好的习惯，积极查证这个问题是不是“真正的问题”。真正的问题可以帮助你探寻事物的本质，并做出适当的判断。如果对任何问题都毫无选择地进行深入思考，可能会浪费大量的时间和精力，进而影响工作效率。

下面，我们试着运用“So what? ”和“Why so? ”进行提问，如图2-5所示。

想要提升英语口语能力

↓

“Why so？”

↓

希望与能够使用英语的人无障碍地沟通、交流

↓

“Why so？”

↓

想要到国外工作一段时间

↓

“So what？”

↓

希望积累在国外工作的经验，增加自己的阅历

图 2-5　对“想要提升英语口语能力”提问

实际上，**在“想要提升英语口语能力”的希望背后，潜藏着“希望积累在国外工作的经验，增加自己的阅历”的真正目的。**因此，只要能用英语熟练地对话、交流，根本不必在意“是选择A英语培训学校”，还是“选择B英语‘私教’”。

在之后的交流中，我又了解到在这位朋友目前工作的公司，设置有为期一年甚至时间更短的国外留学制度。其实，他完全可以利用这一制度，提升自己的英语口语水平。如果他能在留学的

过程亲身体验当地的风俗习惯，积累经验，对于未来在国外工作肯定是大有裨益的。

如上所述，**通过提出问题，可以发现对方没有注意到的其他选项，并给出具有可行性的建议。**

如果想真正解决问题，切勿被现象遮住了眼睛

下面，我们来看另一个实例。

假设上司对你下达指示说：“我发现C商品的销量出现了大幅下降的情况，希望你能查明原因，并提出解决方案。”你该怎么办呢？我想你完全可以像上文一样，使用“So what?”和“Why so?”，轻松解决问题。

“C商品销量大幅下降”是一个现象。

面对这一问题，我们经常犯的错误是提出“提升C商品的销量”的结论，并将其视为“解决问题的方案”。实际上，这只不过是重复表达相同意思，根本算不上解决方案，更别提解决实际问题了。

此外，即使能够想到运用“So what?”和“Why so?”，有时也容易陷入下述误区。

在这种情况下，由于关键问题是“销售人员不愿意卖C商品”。因此，从相反的角度来分析这个现象，就可以得出“希望销售人员更加努力”的结论，如图2-6所示。但是，如果只是这样简单地分析并得出结论，就太过肤浅了。这样反而忽视了如何才能

调动销售人员积极性的关键视角。

在这种情况下，你**只是运用逆向思维看到了与现象相对的表象，并没有提出解决问题的真正方法**。你明明是想发现针对真正原因的解决方法，结果却被现象蒙蔽了双眼，得出了无法最终解决问题的结论。

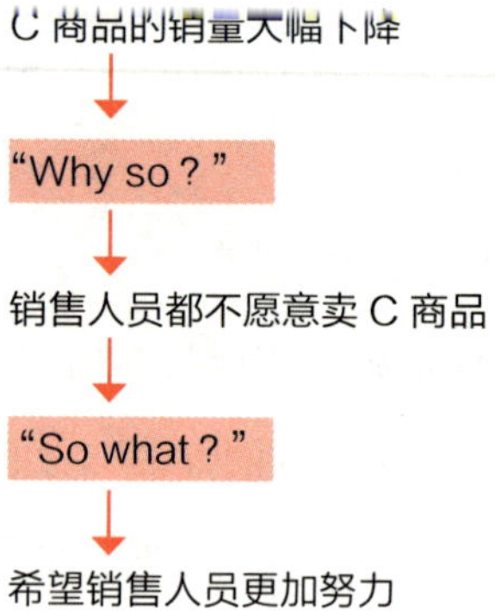

图 2-6　对“C 商品的销量大幅下降”提问①

在落实到具体解决方法之前，要保持怀疑精神，深入挖掘问题本质

对于上文中提到的问题，我们有必要进行深入挖掘。

虽说C商品的销量大幅下降，但并不是所有经销商的业绩都下滑了。

这样一来，我们可以从“究竟哪里的销量下降”的角度出发，进行更为具体的调查，结果发现“销量急剧下降的主要是农村地区”，如图2-7所示。

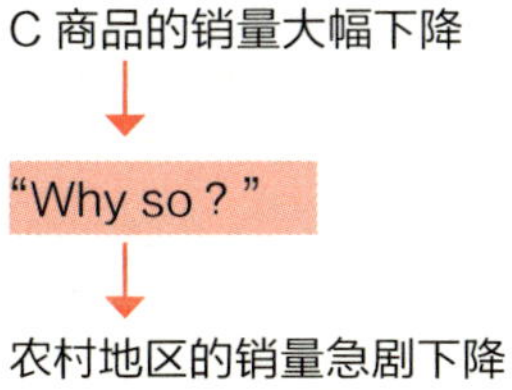

图 2-7　对“C 商品的销量大幅下降”提问②

由此可见，正是由于农村地区的销量下降，才导致了C商品的整体销量大幅下降。作为解决方法，最可行的自然是“采取针对农村地区经销商的扶持、激励措施”。

下面，我们**继续深入挖掘，力争提出解决问题的具体方法**，如图2-8所示。

为什么 C 商品在农村地区不好卖？（“Why so？”）

↓

因为 C 商品的营销活动效果不好

↓

为什么 C 商品的营销活动效果不好？（“Why so？”）

↓

因为销售人员没有积极性去推销 C 商品

↓

为什么销售人员没有积极性去推销 C 商品？（“Why so？”）

↓

因为即使卖出了 C 商品，销售人员也拿不到多少提成

图 2-8　对“为什么 C 商品在农村地区不好卖”提问

这就像剥洋葱一样，一步一步地逼近问题的本质，终于浮现出了与具体解决方案相关的关键问题。也就是说，我们发现**“提高销售人员推销C商品的提成”**可能是解决问题的最佳方案。

提升格局，站在拥有广阔视野的位置，认真、细致地研究问题

通过上文的分析，我们了解了负责农村地区销售的销售人员对推销C商品不感兴趣的原因，但是没弄清楚为什么城市地区的销售人员对推销C商品有很高的积极性。

通过进一步调查，我们发现C商品在城市地区保持了较高水平的销量。

读到这里，我想大家一定会感到不可思议。按理来说，各个地区的激励政策是相同的，城市地区的销售人员卖出C商品所获得的提成并不会比农村地区多。

那么，为什么城市地区的销售人员那么积极地去推销C商品呢？

为了解开这个谜团，我们还要继续进行调查。于是，我们访问了城市地区的经销商，试图找到C商品畅销的原因。

通过交流，我们了解到，在城市地区**C商品和D商品是组合销售的。**D商品的毛利润非常高，提成也很丰厚，因此销售人员以组合的形式，积极地对外推销C商品和D商品。

然而，这里又出现了一个新的问题：D商品的目标客户群体是城市地区的消费者，因此如果在农村地区将C商品和D商品组合销售，未必会取得理想的效果。这样反而可能招致顾客的反感，觉得是在搞捆绑销售，给人一种强行推销D商品的印象，从而进一步加剧客源流失。在这种情况下，你可以研究将C商品与以农村消费者为目标客户的E商品组合销售的可行性。在向上司汇报当前状况的同时，你可以一并提出在农村地区组合销售C商品与E商品的问题解决方案，如图2-9所示。

由此可见，如果不根据框架进行合理思考，我们就会陷入思维的误区，比如“商品本身存在缺陷，所以卖不动”“商品的性能指标落后于竞品，必须进行系统化升级”“竞争对手积极开展广告宣传，我们公司也不能落后，必须投入更多的宣传和广告经费”等。

无论花多少经费去策划新的营销方案或者执行新的销售政策，只要没有发现真正的原因，都是徒劳无功的，难以取得令人满意的效果。

可以说，“So what?”和“Why so?”的主要作用就是帮助大家确认自己是否已经提升格局，站在拥有广阔视野的位置，认真、细致地研究问题。

在城市地区，C 商品很畅销

↓

“Why so？”

↓

C 商品的营销活动效果很好

↓

为什么 C 商品的营销活动效果很好呢？（“Why so？”）

↓

C 商品和 D 商品是组合销售的

↓

为什么要将 C 商品和 D 商品组合销售呢？（“Why so？”）

↓

销售人员推销 D 商品可以得到丰厚的提成

↓

为了提高 C 商品的销量，我们在农村地区应该采取什么应对措施呢？（“So what？”）

↓

为了提高 C 商品的销量，我们在农村地区也应该将 C 商品与其他商品组合销售

图 2-9　对“在城市地区，C 商品很畅销”提问

第三章

从体系的角度研究问题解决方案的逻辑树

之所以解决不了问题，是因为没有厘清问题的背景和机制

在本章中，我将向大家明确解决各种“问题”和“课题”时，必须做哪些事情，以及如何具体思考和行动。

无论是在商务场合，还是在日常生活中，我们之所以解决不了问题，其中一个重要的原因就是没有厘清问题的背景和机制。

比如某企业存在“加班过多”的问题，于是该企业领导武断地提出了“设定‘非加班日’”的方案，试图解决问题。

当然，这种解决问题的方法有时可能会奏效。但是，如果不了解问题的本质和造成问题的原因，那就只是“头痛医头，脚痛医脚”，是会衍生出其他问题的。比如“由于今天是‘非加班日’，员工就将今天未完成的工作放到明天完成，明天再加班”“由于今天不能加班，因此大家就把工作带回自己家去完成”等，从而增加了其他工作日的工作量，或者挤占了员工的休息时间，无法取得理想的效果。

相对员工人数而言，如果工作量过大，那就很难压缩加班时间。这是因为即使削减了表面上的加班时间，每个人的工作量也不会发生任何变化。

在这种情况下，如果不增加员工人数，或者设法降低工作量，是无法真正解决“加班过多”的问题的。也就是说，首先应该彻底梳理出“加班过多”的原因，然后才能在此基础上讨论解决方案。

在这种情况下，逻辑树（Logic Tree）是从系统的角度出发，针对具体问题和课题“不遗漏、不重复”地分解、梳理，从而发现问题和课题的根本原因，并提出具体解决方案的框架。

我们结合下面的实例进行进一步分析。

当面对“是否应该买这辆车”“是否应该和这个人结婚”之类的问题时，你应该如何进行判断和决策呢？

我想大家的头脑中会闪现许多种情况，并一一进行核对，比如“这辆车的速度和操控性都是出类拔萃的，但是设计不符合自己的审美”“那个人很认真也很诚实，但是缺少幽默感，和他在一起时会感到很无趣”等。

如果你是和朋友闲聊或者讨论无关紧要的话题，只是随便想想，那是没什么大问题的。但是，一旦遇到对事业或人生具有决定性意义的重要问题，或者涉及大额投资的决策时，那就另当别论了。完全凭主观判断或随机做出选择是存在巨大风险的，会严重影响决策效率。

如果你想要做出正确的决策，“不遗漏、不重复”地搜集必要的信息是非常重要的。但实际上，如果只是随便想想的话，你是很难把真正需要探讨、研究的项目全部列举出来的。

如果你在列举时遗漏的项目是重要内容，那么你就难以做出适当的判断和决策。

正如序言中针对MECE原则所阐述的那样，“不遗漏、不重复地搜集全部信息”是解决问题不可或缺的基础。

将大问题分解为小问题

下面，我们就使用“逻辑树”进行具体分析。**逻辑树是一种用来将包括作为前提的现象在内的大问题，细分为与之相关的两个以上的小问题（要素）的框架。**

正如其字面意思所表达的那样，就像是从粗壮的树干中分出许多分枝一样，逻辑树可将大问题分解为两个以上的小问题。

接下来，我们分析一下使用逻辑树框架研究“购买吸尘器”的案例，如图3-1所示。

居住在公寓的人可能会更加重视吸尘器的静音效果；女性可能会更加重视吸尘器本身的重量和操作便捷性；家里饲养宠物的人可能会更加关注吸尘器是否具有良好的吸入动物毛发的能力（吸力）。

在图3-1中，我们对需要研究的主要项目进行了拆分。如果我们对逻辑树进行更加细致的分析，可以将操控性细分为重量和静音效果；可以将吸尘方式细分为气旋式和尘袋式。

如果只是将关注度最高的因素作为判断标准决定购买哪种类型的吸尘器，消费者往往会在购买之后感到后悔，觉得“用起来怎么这么重”“更换尘袋太麻烦了”“噪声太大，担心被楼下住户抱怨，晚上根本不敢使用”等。

为了避免出现这种事后后悔的情况，我们可以**试着通过“逻辑树”将大问题分解成小问题，**并仔细选出决定购买哪种吸尘器的关键。

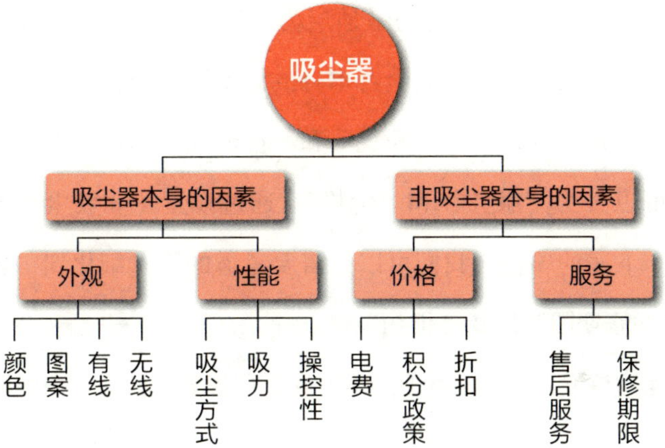

图 3-1　研究购买吸尘器的逻辑树

通过合理运用逻辑树，可以避免陷入“思维误区”

下面，我们结合“购买吸尘器”的例子继续进行分析。

图3-1所示的逻辑树的最顶层为“吸尘器”，可分为“吸尘器本身的因素”和“非吸尘器本身的因素”两个部分；“吸尘器本身的因素”可以分为“外观”和“性能”，“非吸尘器本身的因素”可以分为“服务”和“价格”。通过设置“非吸尘器本身的因素”下属的项目，我们可以将需要考虑的因素细化到“售后服务”“保修期限”以及“折扣”等。

也就是说，通过使用逻辑树，我们可以避开决策、判断时容易陷入的“思维误区”。

在决策的时候，人们往往容易犯一些错误，比如“单凭自己的经验和感觉做出判断，最终导致做出错误的决策”“没有发现自己遗漏了需要认真研究的重要项目，最终导致判断失误”“自己认为非常重要的事情实际上并没有什么价值，反而浪费了大量的时间和精力去做研究和问卷调查”“被眼前的事情蒙蔽了双眼，‘只见树木，不见森林’，最终导致失败”等。然而，通过使用逻辑树进行理性思考，我们完全可以提前降低犯错的概率，避免陷入思维的误区。

在处理鱼时，我们必须准备菜刀和砧板等厨具；在建造木屋时，我们必须准备凿子和刨子等木工用具。同样，在解决问题时，我们也必须使用“逻辑树”之类的思维工具（框架），否则就很难顺利地解决问题。

注意事项①：确保“不遗漏、不重复”地拆分要素

在拆分问题和对象并创建逻辑树时，有三点是必须注意的。

第一点是**“不遗漏、不重复”地拆分要素**，特别是需要认真地把握那些对于详细研究问题和对象而言“绝对不可或缺的要素”。

如果按照是否居住在日本首都圈对顾客进行分类，就不会出现遗漏和重复。但是，如果按照“喜欢户外运动”还是“喜欢登山”对顾客进行分类，就会出现遗漏和重复的问题。

这是由于“登山”本身就属于“户外运动”的一种，因此可能会导致重复。在喜欢户外运动的顾客中，还包括喜欢钓鱼的顾客、喜欢水上运动的顾客、喜欢徒步旅行的顾客等。在这种情况下，我们不能将“户外运动”和“登山”放在同一层面上进行拆分。

下面，我们再换个例子进行分析。

假设某个工厂生产出了残次品。为了查明出现残次品的原因，调查人员试着按照制造工序将生产过程分为A工序、B工序和C工序，并以此为基础进行分析。但是，如果只是这样，恐怕还是无法追溯到“真正的原因”。

因为这样按照生产过程分析的话，会出现忽视不同工序之间“交接”的问题。比如B工序接收的产品是来自A工序的，C工序接收的产品是来自B工序的。

产品从A工序到C工序，需要经过如图3-2下半部分所示的流程。

在A工序中，操作人员按照操作规范完成了零件制造作业；在B工序中，操作人员也按照操作规范，使用A工序制造的零件实施了组装作业；在C工序中，操作人员同样按照规范，使用B工序生产的零件完成了组装作业。

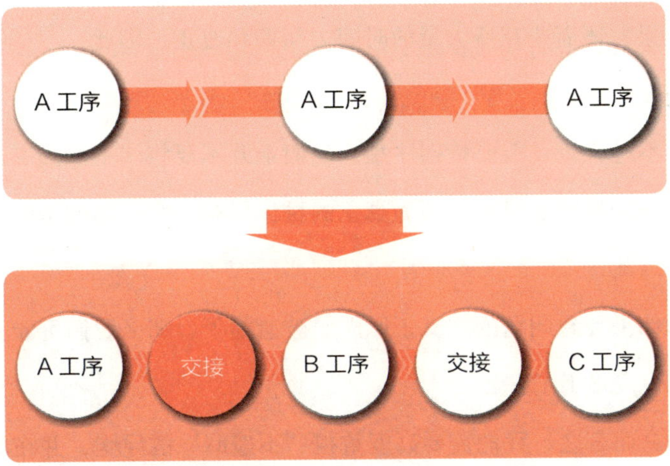

图3-2　某工厂的产品制造工序

在这种情况下，即使分别对A工序、B工序和C工序进行分析，也无法发现产生残次品的原因。

这是因为调查人员在对包括A→B、B→C的“交接”工序在内的所有流程进行调查后，发现A工序生产的不同型号的零件外观相似、尺寸存在细微差异。在将零件放入B工序的“零件箱”时，操作人员没有仔细检查，把不同尺寸的零件弄混了。

也就是说，造成出现残次品的原因是“交接”流程出现了问题。

因此，为了避免再次出现问题，应该采取措施确保不同型号的零件装入正确的零件箱中，防止零件弄混了。

在使用逻辑树时，一旦出现遗漏或重复，就会影响解决问题的效果，还需要花费大量的时间去纠偏和改正。因此，**我们需要养成良好的习惯，时刻注意检查“是否出现遗漏和重复”。**

不过有一点需要特别注意，我们千万不要将“不遗漏、不重复”作为最终的目标，因为真正的目标只有一个，那就是解决问题。因此，**与“不重复”相比，做到“不遗漏”是更为重要的。**这是因为如果导致问题的“真正原因”被遗漏了，那么我们可能无论如何也发现不了它。

总而言之，我们需要高度重视“不遗漏”的原则，并在此基础上进行严谨细致的分析。

注意事项②：基于事实进行分析

第二点是“基于事实进行分析”。虽说我们的最终目标是解决问题，但是各种行动终究离不开人的因素，因此我们的行动中必然会掺杂着“喜好”“厌烦”等个人情绪。

下面，我们结合实例进行分析。

假设某连锁咖啡店的营业收入不断攀升，让其竞争对手某企业的高层管理者A感到非常担忧，于是A命令两位员工B和C分别对这家连锁咖啡店开展调查。在结束调查后，两位员工分别将调查结果向A进行了汇报。我们一起分析一下调查结果。

○B的报告

这家咖啡店工作日的客流量不大，但是非工作日的顾客非常多。因此，客人需要排队很长时间才能就餐。非工作日的人均消费额要比工作日的高出许多。这家咖啡店的咖啡口味醇正、口感丰富浓郁，令人回味十足。

○C的报告

这家咖啡店每家门店工作日每天的客流量在240人左右，非工作日能增加到工作日的约1.4倍，达到340人左右。顾客在各门店的排队时间，工作日为几分钟，但是到了非工作日就是10分钟左右。

从各家门店的情况来看，这家咖啡店的顾客的年龄集中在20～40岁，占比大概为70%。但是，郊区的情况略有不同，60岁以上的顾客占比达到一半以上。

对比两份报告，哪份是在事实基础上形成的可以说一目了然。

B提交的报告可能也耗费了不少时间和精力，但是报告中绝大部分内容都是“主观的感受和直觉”。作为报告而言，B提交的报告是没有价值的。

同样都是前往一线调查，同样都是认真地采集数据，但是**对调查对象实际发生情况的理解和汇报方式不同，带给人的感觉也是明显不同的。**

像C提交的报告那样，**排除主观因素干扰，尽力追求客观、中立的数据是至关重要的。**能否做到这一点，决定着下一阶段分析课题和解决问题的质量。

上司关注的焦点当然不是“客流量不大”“非工作日的人均消费额高出许多”“咖啡口味醇正”等“主观意见”，而是**需要通过数字验证的“事实”。**

如果缺乏事实依据，你就无法对情况做出正确判断，也就无法提出有效的解决方案。**如果想要充分表达意见，你可以在列举“事实”的基础上，阐述个人的观点。**

当然，你完全没有必要全盘否定自己的内心感受，只是要提醒自己牢记这些都是主观的看法和观点，需要**通过客观“事实”进行验证。**

如果你无法坚持这一理念，在面对需要解决的问题时，往往会陷入误区，只是简单地罗列一些毫无价值的意见，从而白白浪费自己的时间和精力。

但是，如果只是报告事实，大部分的上司都会继续追问“你觉得应该怎么办”。因此，你可以适当地表达自己的意见。

在这种情况下，**如果你能够在事实的基础上提出问题的解决方案，很可能会赢得上司的信任。**

正如上文中提到的，在使用框架时，作为基础的并不是“意见”，而是“事实”。当然，**在使用逻辑树时，你也必须从事实出发。**

注意事项③：摒弃重要性较低的内容

第三点是“摒弃重要性较低的内容”。

一方面，在使用逻辑树分析问题时，你可能会发现许多衍生出的因素。在这些因素中，当然也会包括许多没有研究价值的内容。

另一方面，在使用逻辑树分析问题时，你可以从全局的角度俯瞰问题的整体结构，并分清重要程度。因此，你能够防止在那些被认定为重要性较低的问题上浪费时间。

在现实生活中，我们很难找到一个一次性解决所有问题的方案。因此，我们需要明确待解决的问题的优先级，以免被那些重要性较低的问题迷惑或误导。

从“重要性”“紧急性”“蔓延风险”三个角度出发，决定优先级

下面，我们结合实际来思考决定优先级时的关键，真正明确应该从哪里入手解决问题。一般而言，在决定优先级时，我们可以从“重要性”“紧急性”“蔓延风险”三个角度出发，对问题进行比较研究。

重要性：问题影响、波及的范围和严重程度。

与个人相比，对部门带来影响的问题是更为重要的；与部门相比，对整个公司带来影响的问题是更为重要的。

紧急性：需要尽快解决。

紧急性较高的问题会随着时间推移而变得越来越难以解决。

蔓延风险：随着时间推移，问题波及的范围和严重性会不断增大。

如果置之不理，问题可能会变得更为严重。

除此以外，我们有时还需要重视成本和复发性（搁置后又多次发生的问题）。根据单位和情况不同，我们有时也需要改变评价标准。

下面，我将结合实例，思考明确优先级的流程。

假设针对某事故，我们查出了三个疑似原因。在无法同时解决三个原因的情况下，我们应该对重要性、紧急性和蔓延风险进行评分，并实施对比分析，如表3-1所示。

表 3-1 重要性、紧急性和蔓延风险评分表

项目	原因 A	原因 B	原因 C
重要性	2 分	2 分	2 分
紧急性	1 分	2 分	0 分
蔓延风险	2 分	0 分	1 分
总分	**5 分**	**4 分**	**3 分**

在这个实例中，我们首先应该集中精力解决总分最高的原因A，然后按照原因B、原因C的顺序先后解决问题。

但是与重要性和蔓延风险相比，**如果我们优先考虑紧急性高的问题，解决问题的顺序就会变为原因B、原因A、原因C。**

是按照评分高低进行判断，还是对三个要素进行对比和判断，我们要根据具体问题的性质来决定。

重要的是，我们要从重视这三个角度开始做起。

在深入挖掘问题后，可以透视整体面貌

关于逻辑树，我们再结合一个实例进行分析。

假设你是某个健身房的销售人员，你正为“营业收入持续低迷”而感到烦恼不已。

那么，我们就使用逻辑树来挖掘一下“营业收入持续低迷”的原因。

我们要对问题的根源进行剖析，列举营业收入持续低迷的原因，并在此基础上思考解决问题的方法，如图3-3所示。下面，我们将通过逻辑树挖掘原因（问题点），试着思考解决问题的方法。

在对“营业收入持续低迷”的问题进行深入挖掘后，我们可以透视这个问题的整体面貌。

通过拆分问题，我们可以发现在“营业收入持续低迷”的问题中，包含各种各样的要素。“销售人员没有分配时间拓展新客户”这个要素可能就是真正的问题，但是也不排除“老客户的人均消费额（与健身时长和光顾次数相关）没有增加”是真正问题的可能性。

通过逻辑树拆分问题并深入研究，我们可以了解问题的整体

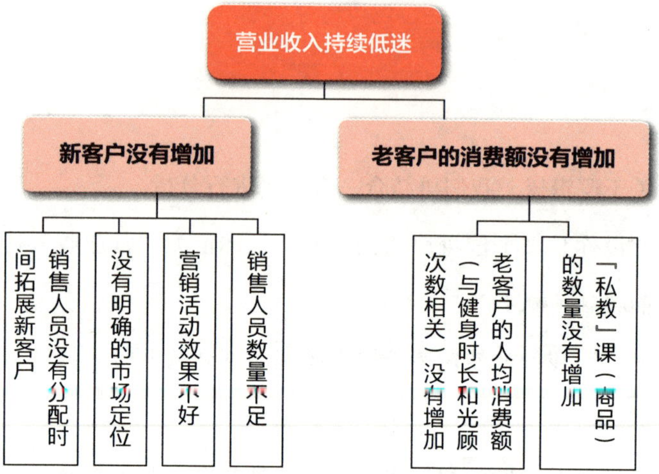

图 3-3 “营业收入持续低迷”的逻辑树分析

面貌，并发现真正的问题所在。

在这一过程中，如果发现了“问题”，我们可以针对是否能解决这一问题，重新提出“问题”，并制作新的逻辑树，从而有效解决问题。

营业收入持续低迷的问题及对应解决方法，如表3-2所示。

表 3-2　“营业收入持续低迷”的问题及对应解决方法

问题	解决方法
“私教”课（商品）的数量没有增加	增加除了“私教”课以外的课程选项
老客户的人均消费额（与健身时长和光顾次数相关）没有增加	引进新的健身器材
销售人员数量不足	调整销售团队结构，增加负责拓展新客户业务的员工人数
营销活动效果不好	改善营销状况，提高工作效率
没有明确的市场定位	研究市场定位，明确目标用户人群
销售人员没有分配时间去拓展新客户	改革销售人员奖励制度，增加拓展新客户的奖金提成

最根本的、解决问题效果最显著的课题是什么？

在使用逻辑树彻底分析问题的结构之后，下一件要做的事情就是**明确“什么是最重要的课题”**。所谓明确“最重要的课题”，换句话说，就是提出“假设”。“假设”就是指虚拟出来的想法，也就是假想的答案。

然而，人的精力是有限的，我们根本没有时间对发现的所有问题逐一进行结构化分析和验证，更别提明确“究竟哪个才是最重要的课题”了。

因此，我们可以**从设定最重要的课题开始，将其作为当时的“假设”，并对其是否正确进行验证。**

换句话说，最重要的课题就是**“最根本的、解决问题效果最显著的课题”。**

如果用上文提到的健身房的例子来说明，在对“营业收入持续低迷”的问题进行结构化处理后，我们就会发现对于解决这个问题而言，最重要的课题可能并不是“老客户的人均消费额（与健身时长和光顾次数相关）没有增加”，而是**“销售人员没有分配时间去拓展新客户”。**

这样一来，我们就应该提出假设，对最重要的课题是否正确进行验证。如果正确的话，那就意味着我们向着解决问题的目标迈进了一大步。

我们使用逻辑树对“是否应该拓展新客户？”这个问题进行分析，如图3-4所示。

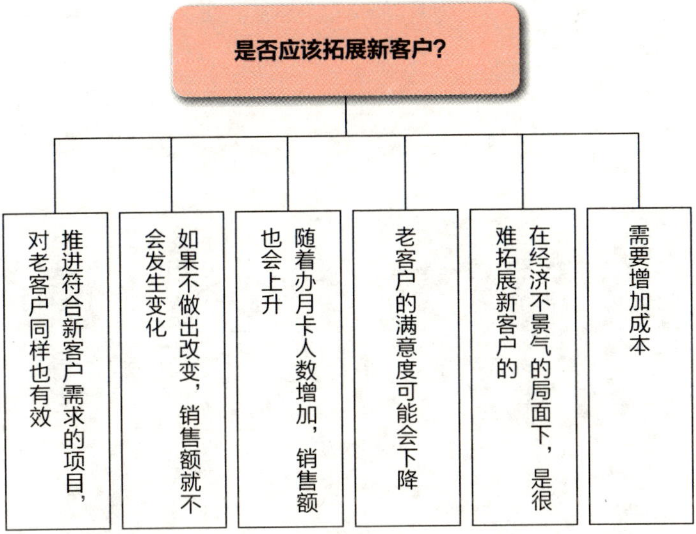

图3-4　“是否应该拓展新客户？”的逻辑树分析

第二部分
市场营销框架

第四章

从三个维度出发透视商业环境的“3C 分析法”

本章介绍的其他框架：SWOT 分析、PEST 分析、五力分析

在了解市场和竞争对手的基础上，制定公司的经营战略

在第二部分中，我将介绍与市场营销相关的框架。企业可以运用这些框架制定促进商品和服务销售的战略。

在本章中，我将围绕市场营销的基本方法——“3C分析法”介绍相关内容。

3C分析法中的“3C”是指“Customer”（客户）、“Competitor”（竞争对手）和“Company”（公司）。在具体操作时，我们可以将市场营销方面的问题和课题分解为上述的三个“C”，如图4-1所示。

实际上，3C分析法是对“市场局面如何”“公司有哪些优势”“竞争形势如何”以及各种要素进行分析，然后在此基础上，发现并提出解决方案和改进措施的一种分析方法。

20世纪80年代，时任麦肯锡日本分公司总经理的大前研一提出了3C分析法。他在自己的著作《战略思维》中对这一方法进行了详细阐述。

这里需要特别说明的是，虽然Customer对应的翻译是“客户”，但是这其实是有两层含义的，因为我们有时需要从宏观角度

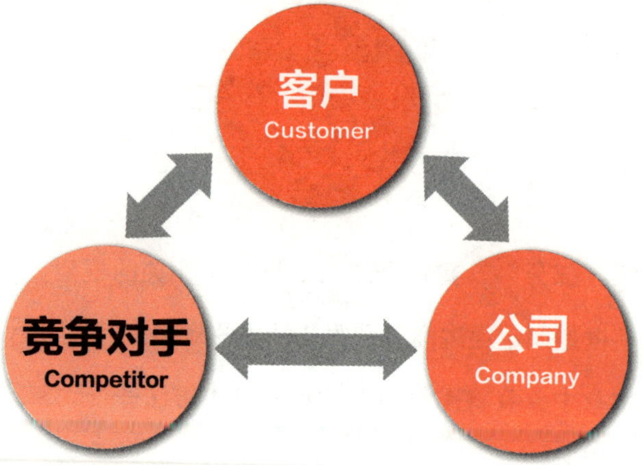

图 4-1　3C 分析法

来看“市场整体”，有时需要从微观角度聚焦“每位客户”。

3C分析法是一种高效、实用的框架。在具体使用时，我们通过分析现状，也就是公司处于什么样的商业环境之中，**可以发现真正的课题，并制定有效的战略。**此外，如果能够进一步聚焦重点，我们甚至**可以用3C分析法发掘商机和研发新产品**。

在3C分析法中，通过对三个“C”进行提问，我们可以拓展思维，进而做出精准的决策。具体而言，针对“客户”，我们可以提出“开展的业务和销售的产品是否有市场”“主要客户具备哪些特点”“市场是在增长，还是在萎缩，或是停滞不变”等问题；针对“竞争对手”，我们可以提出“有哪些竞争对手”“主要竞争对手的优势和劣势是什么”等问题；针对“公司”，我们可以提出“公司的优势和劣势是什么”“是否拥有在竞争中具有优势的新产品和业务”等问题。

进一步而言，“客户”“竞争对手”是自己无法控制的“外因”，而“公司”则是自己可以掌控的“内因”。

只不过，在对“公司”进行深入分析时，我们不得不将关注的对象拓展到整个价值链，比如供应商、分包商、代理商和分销商等。与公司有商业关系的所有企业都可能成为分析对象，这一点需要特别注意。

此外，3C分析法的创始人大前研一先生曾经提出，只要明确“是否有市场”和“是否能在竞争中取胜”这两个问题，基本就能预见企业和项目最终能否取得成功。可以说，真正了解作为外因的“客户”与“竞争对手”，认真思考“公司”处于怎样的商业环境之中是至关重要的。

如果能从“3C”的角度出发思考问题，就可以毫无遗漏地洞悉市场和竞争对手的变化

如果你被上司命令“就和服销售市场和公司目前的状况开展调查”，你应该从哪里开始搜集信息的工作呢？

如果你光凭感觉胡乱搜集信息，不仅无法确保工作效率，还会没有方向，像没头的苍蝇一样到处乱撞，根本不知道从哪里入手。此外，这样还可能导致你遗漏重要信息，或陷入冗余信息的汪洋大海之中而难以自拔。

在这种情况下，**如果能够使用3C分析法，我们就可以“不遗漏、不重复”地搜集到必要的信息，**如表4-1所示。此外，3C分析法还可以有效防止由于疏忽而出现低级错误，比如“忘记某项操作……”“忘记对某种产品和服务进行调查研究”等。

下面，我们试着运用3C分析法进行信息搜集。

客户：和服相关行业的市场增长率、最近10年的发展趋势等信息。

竞争对手：和服生产商、专卖店的营业收入数据、优缺点等信息。

公司：公司的营业收入、市场占有率、营业收入增长率和优

表 4-1　运用 3C 分析法的实例

项目	操作内容
客户	分析市场（规模和发展过程）
	分析客户群体
	分析客户需求
	调查研究结构变化和具有代表性的课题
竞争对手	分析与竞争对手相比的市场占有率（变化情况）
	调查研究可能出现的替代服务和替代产品
	分析竞争对手的优缺点
	调查研究竞争对手的动向
	调查研究竞争对手的战略
公司	分析营业收入和利润（变化情况）
	分析按照客户分类的市场占有率
	调查品牌形象
	分析利润率和成本结构
	分析公司的优缺点

缺点等信息。

如果我们不按照3C分析法分成三个“C”搜集信息，往往容易凡事都优先考虑“公司”的情况，进而陷入随意分析、判断的陷阱之中。

这样一来，就会招致失败的惨痛教训。对我而言，这种情况屡见不鲜。为了避免出现这种问题，请注意时刻关注“3C”，确保正确运用分析方法。

经常出现的失败案例如下。

·光顾着公司的情况，完全忽略竞争对手的状况，导致自己未能注意到市场上早已有同类产品了。

·未能及时跟踪市场动向，之后才发现“公司的计划根本就没有市场前景”。

下面，我们再来看一个便携音乐播放器的实例。

现在，便携音乐播放器的功能已经完全被智能手机替代了。因此，无论耗费多大精力去改进播放器的音质，都不会受到消费者青睐。

智能手机不仅取代了音乐播放器的地位，还挤占了电子手表、卡片式数码相机、掌上游戏机、便携式DVD播放器和车载导航仪等多种产品的市场空间，令它们逐渐淡出了人们的视野。

在智能手机问世之初，恐怕没有人会预测到这一局面。然而，在上市后没多久，智能手机就凭借自身强大的功能可拓展性，开始向客户提供替代服务，并将上述产品逐渐淘汰。

正如智能手机替代便携音乐播放器一样，在强有力的替代产品问世后，企业就不得不从传统的市场中撤离了。

正因为如此，我们才更加需要科学运用3C分析法，“不遗漏、不重复”地发现市场和竞争对手的动向及变化趋势，这一点是至关重要的。

如果使用“3C分析法”重新审视和服市场，那么……

3C分析法从“客户”入手开始分析。如果我们不了解市场状况，就无法对公司和竞争对手进行分析和定位。

下面，我们将对上司提出的“就和服销售市场和公司目前的状况开展调查”的课题进行分析。

随着日本人口不断减少，加之穿着程序复杂等因素的影响，近期和服市场呈现出了日益萎缩的趋势。

2007年，和服市场的整体市场规模为4 700亿日元，但是到了10年后的2017年，这一数字急剧缩减至2 880亿日元。工厂、经销商以及和服专卖店都不景气，被迫关停的相关企业不断增加。

但是，如果从微观的角度来看，以游客和女性为对象的和服租赁公司却如雨后春笋般大量出现。

这些租赁公司提供和服租赁服务，帮助消费者免去了自己穿脱和服和维护、保养和服带来的麻烦。这样的租赁服务不仅能够满足消费者在毕业典礼等重要的庆祝仪式时的需求，还能有效满足年轻女性平时也想穿和服拍照并上传至社交网络的需求。

也就是说，**如果从新的切入点出发重新审视市场**，也可以发现呈现出增长趋势的潜在市场。

接下来，我们来分析一下“竞争对手”。

如果我们关注销售渠道，就会发现之前和服的销售渠道是以重要的庆祝仪式和实体店铺为中心的。但是，随着视频分享平台等社交网络不断普及，工厂通过网络直销和服的数量呈现出不断增长的趋势。一些号称10万日元左右就可以置办一套和服的廉价商店迅速崛起，其营业收入不断增加。

此外，以“mercari[①]”为代表的二手商品交易平台刺激了个人与个人之间的电商交易。同时，利用社交网络等从事和服买卖的“闲置物品转让会”也备受好评，随之而来的是产品销量大幅增加。近年来，这些利用非传统渠道进行销售的市场发展速度惊人，市场占有率急剧攀升。

这里提到的“闲置物资转让会”和“二手商品交易平台”，就相当于如表4-1所示的“运用3C分析法的实例”中列举的“可能出现的替代服务和替代产品”。

① “mercari”（煤炉）创建于2013年，是日本最大的二手交易平台。根据数据调查，该平台活跃用户多为家庭主妇，用户使用mercari 交易最多的是闲置衣物。但除此之外，大到奢侈名品、3C 数码产品，小到牙膏和文创产品，mercari 充分发挥了 C2C 模式下商品种类丰富的天然优势，日常用品基本都能找到。

与传统销售渠道竞争的廉价商店的出现，以及个人与个人商品交易的增加，大幅降低了和服的价格。

此外，我们还应该注意到一个关键问题，那就是除了和服的价格在不断降低以外，传统市场也在持续萎缩，这一点至关重要。

从积极和消极两个方面来看问题的“SWOT分析”

最后，我们试着分析一下“公司”。

在分析“公司”时，我们可以有针对性地提出“公司的优缺点是什么”“是否拥有能够在竞争中取胜的新产品和业务”等问题，并进行说明。同时，我们还可以试着使用“SWOT分析”。

SWOT分析是一种从积极和消极两个方面出发分析问题的框架。也就是说，SWOT分析将企业内部环境因素分为优势（Strengths）和劣势（Weaknesses），将企业外部环境因素分为机会（Opportunities）和威胁（Threats），如图4-2所示。这种分析方法被广泛应用于制定商业战略规划和分配经营资源等。

一般而言，外部环境因素主要包括市场和行业、法律和制度、政治和经济、社会动向、趋势和竞争等。

内部环境因素主要包括公司的经营资源和产品、品牌、价格、质量等。

在制定战略和计划时，我们必须综合分析外部环境和内部环境，这是不可或缺的。通过充分发挥SWOT分析的作用，我们可以明确公司的优势，有时甚至能够从威胁中发现商机和启示。

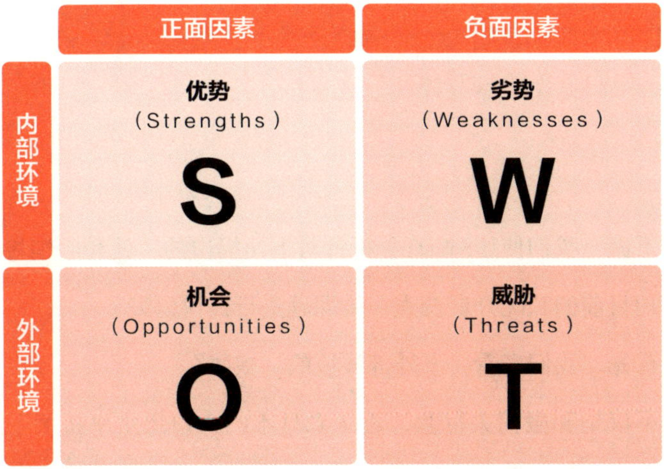
正面因素
负面因素
内部环境
外部环境
优势
（Strengths）
S
劣势
（Weaknesses）
W
机会
（Opportunities）
O
威胁
（Threats）
T

图 4-2 SWOT 分析

分析外部环境的“机会”与“威胁”、内部环境的“优势”与“劣势”

下面，我们使用SWOT分析针对上司提出的“就和服销售市场和公司目前的状况开展调查”的课题进行探讨研究。

首先，我们来看一下外部环境的“威胁”。

不仅是和服相关行业，近年来日本的人口出生率持续下降，逐渐步入老龄化社会，年轻女性人口也呈现出不断减少的趋势。

此外，正如上文所述，人们一般只有在正式场合才会穿着和服，比如毕业典礼、婚礼等庆典或者品茶、观花等传统仪式。这导致和服的市场规模逐年萎缩，整个行业的营业收入也在不断下降。

不仅如此，由于对视频分享平台等社交网络反应迟钝，很多和服相关企业并未充分抓住新的市场机会。对于公司而言，网上销售和服以及利用网络渠道进行的个体间和服交易成了不得不面对的严峻威胁。

此外，部分和服相关企业将通过视频分享平台推销商品或者通过社交网络开展营销和宣传活动视为“机会”。当我们感到迷惑，不知道这些究竟是“机会”还是“威胁”时，我们最好能够从积极的角度看问题，将它们当成是“机会”，并努力取得成效。

其次，我们将关注的焦点对准外部环境的“机会”。

现在，到日本旅行的游客逐年增加，面向女性游客的和服租赁商店如雨后春笋般大量出现。年轻女性对社交网络中流行的和服也趋之若鹜，即使不是重要节日和庆祝仪式，她们也会去租赁商店轻轻松松地体验一下穿和服拍照的感觉。

最后，我们再来看一下内部环境的“优势”和“劣势”。

作为公司的“优势”，归纳起来就是具有传统老店特有的优势，主要包括“擅长利用重要的庆祝仪式和实体店销售，特别是与乡镇地区的老牌裁缝店和百货商店构建了牢固的合作关系，具有顺畅的销售渠道”“与花道、茶道传承人之间建立了深厚的友谊，每年都会源源不断地接到订单”“具备完整的供应链，覆盖了从设计、材料采购、缝制到运输、销售等各个环节”等。

与之相对，作为公司的“劣势”，主要包括“随着人口出生率降低和老龄化问题的日益严重，作为潜在顾客的年轻女性不断减少”“未能充分发挥视频分享平台等社交网络的作用”“对于新兴的廉价销售渠道反应迟钝”“乡镇地区老牌裁缝店和百货商店的销售能力不断下降”等。

运用SWOT分析对公司的现状进行分析，结果如图4-3所示。

在这种情况下，公司面临的现状暴露出来了，那就是：传统

	正面因素	负面因素
内部环境	**优势**（Strengths） ○擅长利用重要的庆祝仪式和实体店销售 ○与花道、茶道传承人之间建立了深厚的友谊 ○供应链覆盖了从设计、材料采购、缝制到运输、销售等各个环节 ○拥有技术高超的能工巧匠 ○与乡镇地区的老牌裁缝店和百货商店构建了牢固的合作关系	**劣势**（Weaknesses） ○随着人口出生率降低和老龄化问题的日益严重，作为潜在顾客的年轻女性不断减少 ○未能充分发挥视频分享平台等社交网络的作用 ○对于新兴的廉价销售渠道反应迟钝 ○乡镇地区老牌裁缝店和百货商店的销售能力不断下降
外部环境	**机会**（Opportunities） ○和服租赁店的生意火爆 ○访日游客不断增加 ○希望在社交网络上发表动态的年轻女性热衷于在和服租赁店消费 ○竞争对手开始制造和销售质量不高的廉价和服	**威胁**（Threats） ○和服市场长期低迷 ○由于低出生率和老龄化问题日益严重，年轻一代的人口不断减少 ○和服变成了仪式盛装，日常生活中几乎没有机会穿 ○和服生产商、经销商、专卖店纷纷退出市场或者陷入困境

图 4-3　运用 SWOT 分析对公司的现状进行分析

销售渠道的销售能力和营业收入不断下降，但是公司并没有充分抓住新机会。

公司应该采取哪种营销战略?

在上文中，我们使用3C分析法和SWOT分析，对上司提出的“就和服销售市场和公司目前状况开展调查”的课题进行了探讨和研究。下面，我们就从中总结出了公司应该采取的营销战略。

在和服销售市场中，以年轻女性和访日游客为顾客群体的和服租赁店异军突起，备受顾客欢迎。这类“竞争对手”不销售高端产品，而是改走低价路线，通过销售成本较低的廉价和服抢占市场。

如果我们将关注的焦点投向“公司”，就会发现公司内拥有一批技术精湛的能工巧匠。因此，我们可以充分发挥公司“工人技术水平高超”的优势，向租赁店提供品质优良、美观大方的新产品，帮助他们的顾客在视频分享平台等社交媒体上吸引粉丝点赞、评论。

因此，公司应该采取的营销战略如图4-4所示。

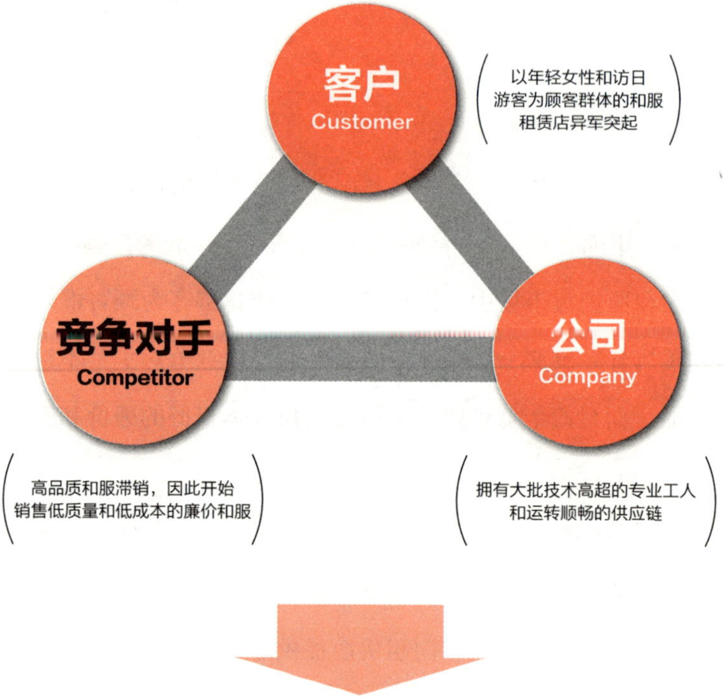

- 充分发挥工人技术水平高超的优势，向租赁店提供品质优良、美观大方的新产品；
- 可以与客户沟通，以“美观大方”为卖点，申请向客户提供新产品的样品。

图 4-4　公司应该采取的营销战略

“3C分析法”也可以用于处理私人事务

在上文中，我主要结合商务场景对3C分析法进行了介绍和说明。但实际上，3C分析法也可以应用于私人场合和日常生活。

比如某位女性正在准备参加相亲活动，那么她应该事先考虑哪些问题呢？在这种情况下，她就可以充分发挥3C分析法的作用了，如图4-5所示。

假设她选定的目标（希望交往的男性），即“客户”是年轻、帅气、事业有成的企业家。当然，这样的“钻石王老五”是所有年轻女孩的梦想，她面临的竞争压力自然也会变大。在这种情况下，如果她认定的竞争对手是当日参加相亲活动的气质出众的“知性”女性，那么她就要认真思考自己的优势究竟是什么。即使她只是普通公司的白领，只要有自己的特长，比如“厨艺高超”“善解人意”“沟通能力强”等，那么她就有自己的优势。

假设她的竞争对手擅长“主动表达”，那么她们在倾听对方心声的沟通技巧方面，多半就不会有太大的竞争力。

因此，除了年轻、帅气、事业有成的企业家以外，她还可以从参加相亲活动的男性名单中，选出明确要求女方“厨艺高超”和“善解人意”的人作为目标。

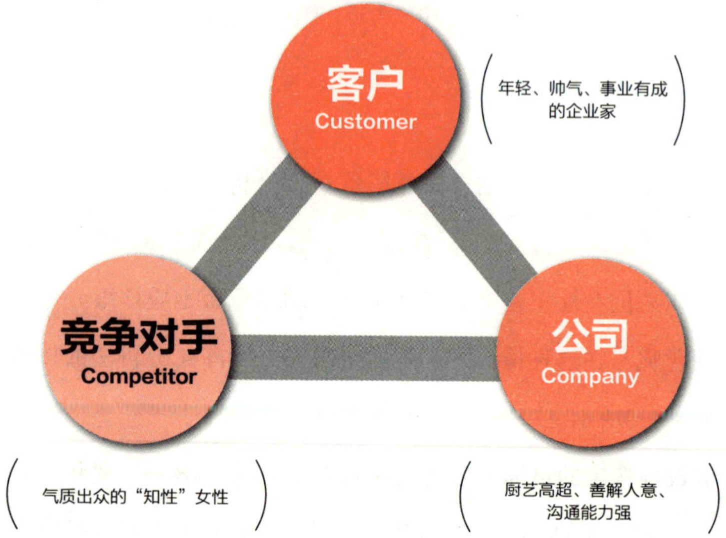

图 4-5　运用 3C 分析法思考相亲活动

这种相亲活动与商务场合相去甚远，但是同样适用于3C分析法。对于片面认为3C分析法只能用于商务场合的人们而言，请一定要打开思路，试着在私人事务中充分发挥3C分析法的作用。这一观点同样也适用于其他框架。

（特别说明，上述相亲活动的例子纯属虚构。）

从“政治”“经济”“社会”“技术”四个角度出发研究问题的“PEST分析”

我们在运用SWOT分析对外部环境进行分析时，如果能够结合分析宏观环境的“PEST分析[1]”和分析微观环境的“五力分析”，必然可以提高分析的准确度。

PEST分析是由被称为“现代营销学之父”的菲利普·科特勒[2]最先提出的，一般用来对企业所处的宏观环境进行分析。PEST分析主要**从“政治因素”“经济因素”“社会因素”和“技术因素”四个角度出发，对公司面临的宏观环境进行深度分析**，如图4-6所示。

与单纯思考“威胁是什么”“机会是什么”相比，综合思考“政治因素是什么”“经济因素包括哪些”的PEST分析往往更容易发现具体的威胁和机会。

“政治因素”可能会给人一种复杂深奥的感觉。具体来说，**政治因素主要是指法律、法规变化以及管辖部门监督权等政府层**

① PEST分析是一种对宏观环境进行分析的方法，P代表政治（Politics）、E代表经济（Economy）、S代表社会（Society）、T代表技术（Technology）。

② 菲利普·科特勒（Philip Kotler）是现代营销集大成者，被誉为“现代营销学之父”，是美国西北大学凯洛格管理学院终身教授，曾担任美国管理科学联合市场营销学会主席。

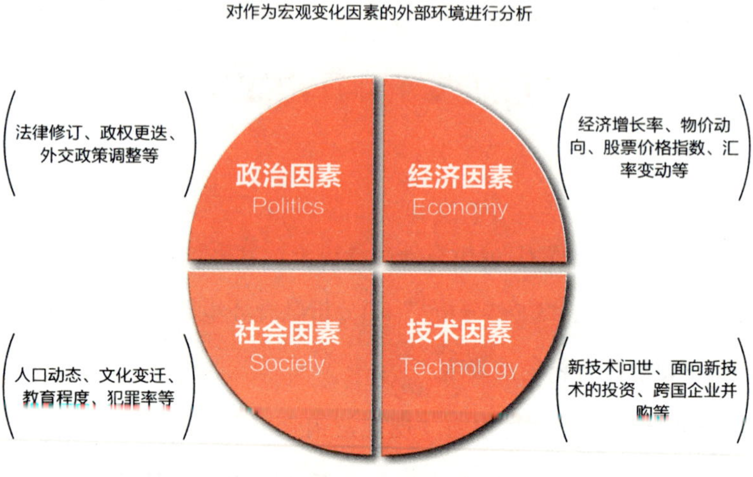

图 4-6　PEST 分析

面的因素，比如电力基础设施完全自由化等市场竞争规则发生的根本性变化。因此，政治因素有时会给公司和行业带来极为深远的影响。

下面，我将分别介绍“经济因素”“社会因素”和“技术因素”。

经济因素是指经济增长率和走势、物价动向、股票价格指数和汇率变动等，与产品成本、价格和利润直接相关。在本章列举的和服相关市场的例子中，“低出生率和老龄化问题日益严重，年轻一代的人口不断减少”就属于此类因素。

社会因素是指消费者的社会阶层和生活方式的变化。在本章列举的和服相关市场的例子中，“和服变成了盛装礼服，在日常生活中几乎没有人穿着”就属于此类因素。

技术因素是指生产技术改革、创新，信息化、人工智能和机器人普及，产品研发和营销技术提升等，在本章列举的和服相关市场的例子中，“电商销售”“使用社交网络推广、宣传”等就属于此类因素。

从五大竞争因素出发深入研究外部环境的“五力分析”

“五力分析”也是一种有效分析外部环境的方法，是用于探索外部环境竞争因素的框架。信奉竞争战略的迈克尔·波特[①]提倡，企业在制定经营战略时，必须密切关注市场的竞争状态和因素。也就是说，“如果我们不考虑竞争因素，就无法制定出正确的战略”。

竞争因素主要包括以下五个：

（1）潜在竞争者进入的能力；

（2）供应商的议价能力；

（3）购买者的议价能力；

（4）替代品的替代能力；

（5）现有竞争者的竞争能力。

下面，我对上述五个竞争因素进行具体分析。

例如，便携音乐播放器被智能手机淘汰，这就是替代品的替代能力；对于前文介绍的和服生产企业来说，二手交易平台出

① 迈克尔·波特（Michael Porter），哈佛大学商学院教授，是商业管理界公认的“竞争战略之父”。

现、租赁店兴起、个体经营者加入，都是原本的潜在竞争者进入了和服生产企业的市场；对于所有企业来说，都会面临现有竞争者带来的竞争压力。这些都是很容易理解的。但是，供应商和购买者的议价能力指的到底是什么呢?

供应商是指向企业提供材料、零件和服务的企业。当供应商是行业内的龙头企业或垄断企业时，它们的议价能力就相对较强，可能会导致企业的采购成本大幅升高。

虽说如此，企业也不能轻举妄动。在成本增加后，如果企业提高产品价格，必然会导致部分客户流失；如果企业不提高产品价格，则会影响自身的利润。企业无论怎么做都会导致竞争力下降，因此，供应商的议价能力被列为竞争因素之一。

同样，如果购买者是因具有大量采购优势而拥有强大议价能力的大型企业或垄断企业，就会给企业带来巨大的降价压力。

用汽车行业的实例来说明，汽车制造商往往会要求零件制造商削减成本和降价。由于客户拥有强大的议价能力，零件制造商承受着巨大的盈利压力，这可能会导致零件制造商的竞争力不断下降。

运用“五力分析”深度剖析汉堡行业

下面，我将结合具体实例，运用“五力分析”对日本汉堡行业的龙头企业麦当劳进行深度剖析，如图4-7所示。

首先，对**“现有竞争者的竞争能力”**进行分析。对于麦当劳而言，其竞争对手主要包括摩斯汉堡（Moss Burger）、乐天利（Lotteria）、第一厨房（First Kitchen）等。麦当劳在日本汉堡市场拥有压倒性优势，充分发挥了规模效应，在业务方面遥遥领先于竞争对手。

其次，对**“供应商的议价能力”**进行分析。麦当劳的供应商主要指提供汉堡胚、鸡翅等原材料的食品加工商。

在日本国内拥有2 800多家门店的麦当劳平时需要大量的食材，在全球范围内拥有众多供货商。因此，对于麦当劳而言，其供应商的议价能力是非常弱的。

再次，对**“购买者的议价能力”**进行分析。这里的购买者主要指购买汉堡的消费者。消费者即使在摩斯汉堡或乐天利消费，也不会产生额外的转换成本。因此可以说，能否向消费者提供具有特色的产品是决定麦当劳最终利润的关键。

最后，对**“潜在竞争者进入的能力”**和**“替代品的替代能力”**

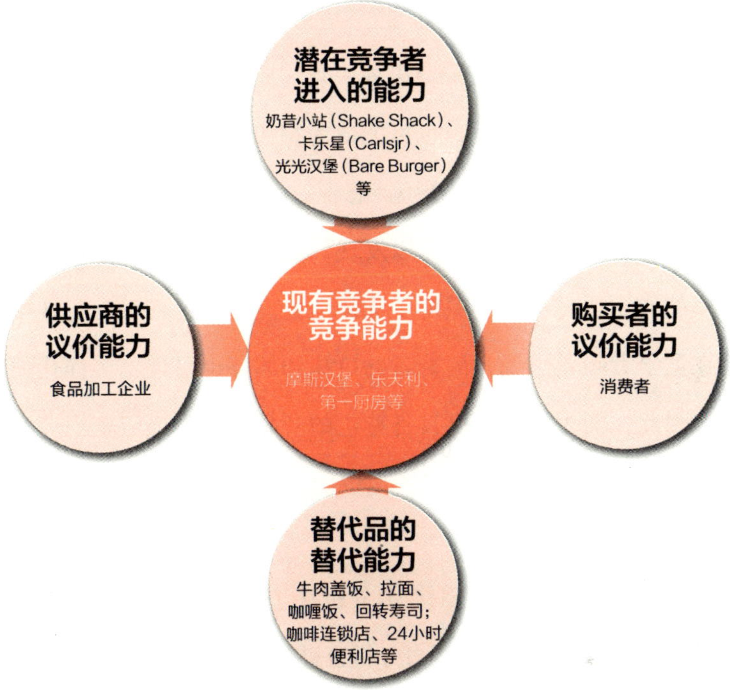

图 4-7　运用“五力分析”深度剖析麦当劳面临的竞争

进行分析。

近年来，美国的汉堡连锁店不断试图向日本市场扩张，这些企业都属于“潜在竞争者”。不过，无论是在市场占有率方面，还是在知名度和话题热度方面，这些潜在竞争者都尚未对麦当劳构成威胁。

“替代品的替代能力”主要是指消费者可以食用的牛肉盖饭、拉面、咖喱饭、回转寿司等快餐。此外，由于咖啡连锁店会提供三明治等快餐食品，也可能成为替代品。当然，提供店内用餐空间的24小时便利店同样不能忽视。

通过上述分析，我们可以发现，麦当劳充分发挥了高市场占有率的作用，在市场中保持了优势地位。同时，在汉堡行业中，潜在竞争者频繁出现，消费者的口味和偏好也呈现出多样化的趋势。因此，能否持续提供具备特色的产品就成为决定麦当劳经营收益的关键。

在本章中，我主要围绕3C分析法进行说明，对与之相关的SWOT分析、PEST分析和五力分析也进行了介绍。

这些框架非常适合商务场合，可以帮助大家**迅速并准确地把握市场情况。**

此外，与第一章中提到的“空—雨—伞”框架一样，**3C分析法也是备受咨询顾问和经营者推崇的分析方法**，是简单、实用的经典框架。因此，广大读者可以在实际工作生活中，结合各种场景灵活运用，充分发挥其作用。

第五章

有效实施差异化战略的“双坐标轴矩阵”

本章介绍的其他框架：波士顿矩阵

通过横轴和纵轴对所有要素进行梳理、分类

如何确定优先级是推进事务顺利发展的决定性因素。通过明确哪些事情是重要的、哪些事情是不重要的，我们可以决定开展工作的顺序，并真正实现有序推进工作的目标。

作为区分“优先级高的事情”和“优先级低的事情”的框架，“双坐标轴矩阵”是非常有效的工具。

矩阵对应的英语单词是“Matrix”，“Matrix”也可以被翻译为“母体、基质”，是一个在生物学和电子工程学领域经常会用到的术语。

经营、管理和市场营销领域所用的“双坐标轴矩阵”是一种通过横轴和纵轴，对所有要素进行梳理和分类的工具。

相互垂直的横轴和纵轴可以将空间分为四个象限。因此，双坐标轴矩阵又被称为“四象限矩阵”。

如果我们用横轴表示紧急性，用纵轴表示重要性，就可以得到“紧急性和重要性矩阵”。在需要确定事务优先级及执行事务时，这个矩阵是非常有效的框架。

假设你是一位销售经理，上司赋予你的任务指标是“将销售收入提升到上一年的1.2倍”。虽然你非常想专心致志地提升业绩，

但总是被一些事务性工作分散精力，还不得不参加各种会议，因此你总觉得没有办法静下心来工作。

在这种情况下，你就应该按照图5-1所示的双坐标轴矩阵认真思考，力争尽快明确工作的优先顺序。

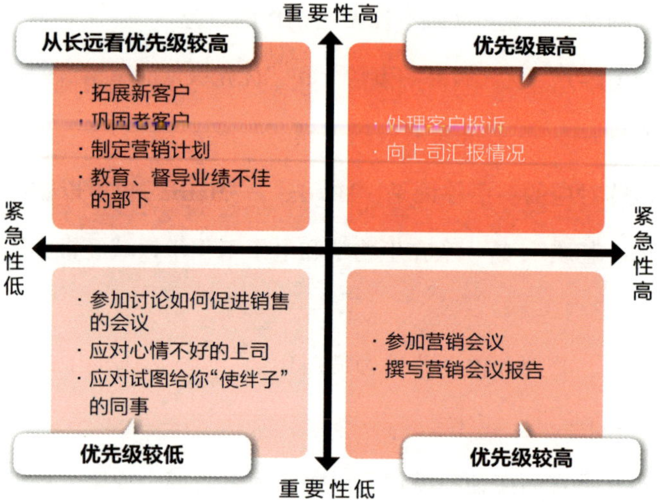

图5-1 “紧急性”与“重要性”矩阵

通过双坐标轴矩阵进行梳理，可以明确优先顺序

在面临前文提到的情况时，你应该优先解决的是重要性和紧急性都很高的“处理客户投诉”。如果你没能尽快解决客户投诉，就会激怒客户，导致其中断业务合作。这样一来，别说提升销售收入了，你就连达到上一年的业绩也非常困难了。

此外，你还应尽早向上司汇报情况。

然后，你就可以着手处理优先级较高的“重要性”不高但“紧急性”很强的内容，比如“出席营销会议”和提前撰写参加会议时必须汇报的“会议报告”。

因此，你应该采取的做法是一边处理客户投诉，一边积极推进撰写报告的工作，并与上司沟通报告和营销会议的相关安排。

“拓展新客户”“巩固老客户”“制定营销计划”“教育、督导业绩不佳的部下”的“重要性”很高，但“紧急性”较低，因此你暂时将其置于左上方的象限内。这些课题并没有明确的完成时限范围。

但是，从长远来看，能否正确面对这一象限内的课题，积极寻求解决问题的办法，是一名管理者未来成长、进步的分水岭。优秀

的管理者会积极面对这些课题，绝不会置之不理。他们会在自己的心中设定明确的完成期限，并切实推进、处理这些课题。

其他课题的“重要性”和“紧急性”都很低，因此你可以将其置于左下方的象限内。

对于这些课题，你有时可以选择“什么都不做”，有时也不得不去处理，需要具体问题具体分析。

双坐标轴矩阵也可以用来明确营销对象的优先顺序

双坐标轴矩阵也可以用来明确“为了提升销售收入，需要重点维护的客户”的优先顺序。

在投入精力“巩固老客户”时，销售人员应该将工作重点放在哪些对象上呢？下面，我们以客户是不同类型的企业为例，使用双坐标轴矩阵进行分析。

假设纵轴是客户的成长能力，横轴是客户的销售潜力，如图5-2所示。

分析客户的成长能力，销售人员需要综合考虑客户的销售收入增长率、利润增长率、资产增长率以及员工人数增长率等因素。

客户的成长能力越强，对销售人员所在的公司提供的产品和服务的需求量也就越大。

横轴表示的是客户的销售潜力。客户的销售潜力大，意味着客户对销售人员所在的公司提供的产品和服务还有一定的需求增长空间。

与之相反，如果客户的销售潜力小，意味着这个客户对销售人员所在的公司提供的产品和服务需求增长空间小，提升销售额的余地不大。

下面，我们试着在双坐标轴矩阵中，对不同的客户进行定位。

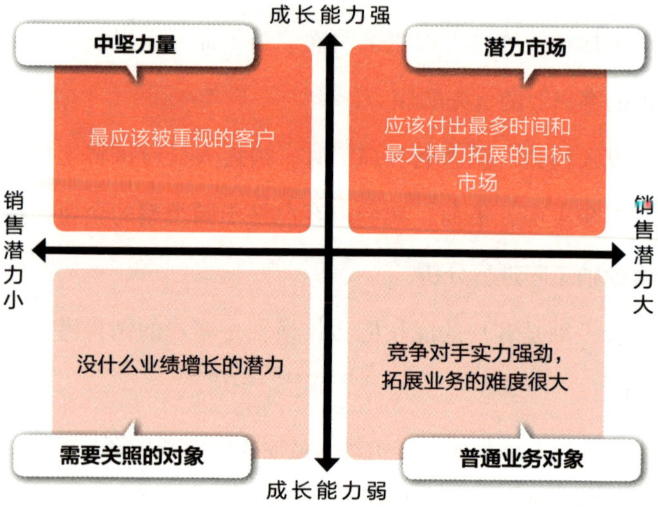

图 5-2　通过“成长能力”和“销售潜力”对客户进行分类的矩阵

销售人员可以支配的时间是非常有限的，因此必须对投入时间带来的销售业绩进行有效管理，以期实现提升销售收入的目标。

提到理想状态，大家能想到的往往是“投入的时间越多，取得的业绩就越好”。

由于成长能力强、销售潜力大的企业是“潜力市场”，因此是销售人员应该付出最多时间和最大精力拓展的目标市场。

那些成长能力强但销售潜力小的企业应该被定位为“中坚力量”，支撑着销售人员的销售业绩，是最应该被重视的客户。销售人员必须谨慎对待这些客户，并认真维系。

那些成长能力弱但销售潜力大的企业，和销售人员所在的公司发生的业务量占其总量的比例一般并不大，应该被定位为“普通业务对象”。由于竞争对手实力强劲，因此销售人员必须设法找到能够在竞争中取胜的优势（选择好切入点），只有这样才能提升这部分市场的销售额。

销售人员应该把那些成长能力弱、销售潜力小的企业定位为“需要关照的对象”。如果销售人员所在的公司销售额排名前十的企业都是这种需要关照的对象，那么想要进一步提升销售收入就会非常困难。同时，销售人员和这些“需要关照的对象”非常熟悉，在走访时往往不需要提前预约，在聊完业务以后通常还会闲聊家常，容易在不知不觉间逗留很长时间，结果浪费了大量的时间和精力。

在这种“需要关照的对象”身上浪费宝贵的时间，会牵扯销售人员的精力，导致销售人员忽视了那些成长能力强、销售潜力大的“潜力市场”，来不及走访那些应该重视的“中坚力量”，最终会严重影响销售收入提升。

时间和精力是重要程度令人难以想象的宝贵资源。如果销售人员松松散散地工作，无疑是在浪费时间和精力。如果销售人员不能在“需要关照的对象”身上节约时间，转而将精力投向“潜力市场”和“中坚力量”，就无法有效地提升销售业绩。

不仅如此，销售人员还应该牢记，对于自己所在公司而言的“潜力市场”，也是竞争对手会全力争夺的市场。因此，销售人员需要未雨绸缪，以未来竞争会日趋激烈为假想背景，发掘出可以凸显自身特色的优势和在竞争中一决胜负的领域。

如上所述，如果销售人员能在这种双坐标轴矩阵中找准客户的定位，就可以明确究竟应该优先把时间和精力投向哪些客户。

这种将不同对象进行定位的双坐标轴矩阵又被称为定位矩阵。

波士顿矩阵也是双坐标轴矩阵

前文介绍的客户分类的双坐标轴矩阵参考了咨询行业中赫赫有名的波士顿咨询公司①于20世纪60年代提出的波士顿矩阵（产品组合管理）。

波士顿矩阵选择市场增长率和市场占有率作为两个坐标轴，将企业的各种产品定位于四个象限内，并推导出按照产品分类的最优战略，如图5-3所示。

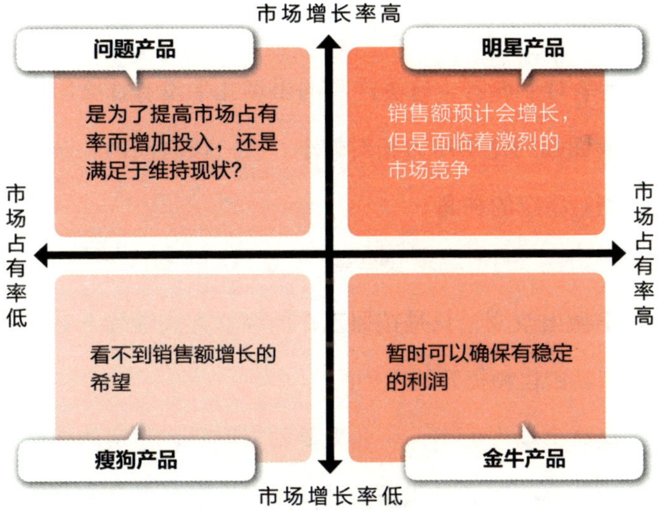

图 5-3　波士顿矩阵

① 波士顿咨询公司是一家著名的全球性企业管理咨询公司，是战略管理咨询领域公认的先驱之一。该公司的最大特色和优势在于公司已经拥有并且还在不断创立的高级管理咨询工具和理论。

通过在四个象限内定位，可以简洁明了地表示企业**究竟应该重点发展哪类产品，应该选择性放弃哪类产品。**

“明星产品”的市场增长率高、市场占有率高，因此其销售额预计会大幅增长。

只不过对于企业的竞争对手而言，这类产品的市场同样也是充满吸引力的。因此，企业面临的竞争压力会相对较大，如果满足于既有成果，一味消极守成，市场占有率可能会出现不升反降的情况。由于这类产品要求企业不断降低成本和提高质量，因此利润率并不会非常高。

“金牛产品”的市场增长率低，但是能够保持较高的市场占有率。对于竞争对手而言，这类产品的市场几乎没有什么吸引力。因此，企业面临的竞争压力相对较小。在一段时间内，金牛产品可以保持相对稳定的利润。

“问题产品”的市场增长率高，但是市场占有率较低。因此，如果企业不做出改变，只是按照现在的经营方式继续下去，是看不到问题产品销售额提升的希望的。

为了提高市场占有率，企业需要制定成熟、稳定的战略。因此，企业应该明确究竟是积极投入设法提高市场占有率，还是满足于现状，这一点至关重要。

“瘦狗产品”的市场增长率低、市场占有率低。不管这类产品过去曾经多么辉煌，企业都应该考虑是否放弃这类产品。如果企业准备继续经营这类产品，也不应该投入额外的费用。

读到这里，我想很多读者朋友肯定已经感受到了双坐标轴矩阵的实用性和可行性。

这种双坐标轴矩阵适用于多种场合，不仅可以用来选择目标客户和制定每类产品的营销战略，还可以用来实施“市场分析”。

以新开教育培训机构为例思考决定胜负的领域……

下面，我们使用双坐标轴矩阵，思考一下差异化战略。

假设我们想要开设一家新的教育培训机构。

虽说都叫教育培训机构，但是从业务领域来看，教育培训机构又可以细分为学前教育班，小学、中学、高中、大学应试辅导班和英语考级培训班等。因此，下文将使用双坐标轴矩阵，研究分析我们究竟应该在哪个细分领域投入精力。

我们可以以市场增长率作为纵轴、市场规模作为横轴，来将这些细分领域划分为四个象限，如图5-4所示。

受出生率下降的影响，补习班和预科学校已经变成市场规模持续下降的夕阳产业了。在这个细分领域中，教育培训机构呈现出了蓬勃发展和业绩低迷两极分化的趋势。近年来，日本教育培训行业内各机构不断整合、并购、重组，实现了资源优化配置。比如增进会出版社集团于2015年收购了荣光连锁补习班；东进日本语学校（高中）于2006年与中学应试辅导名校四谷大塚联合成立教育集团，并且在2014年并购大学应试辅导名校早稻田塾，一时间成为坊间热议的话题。

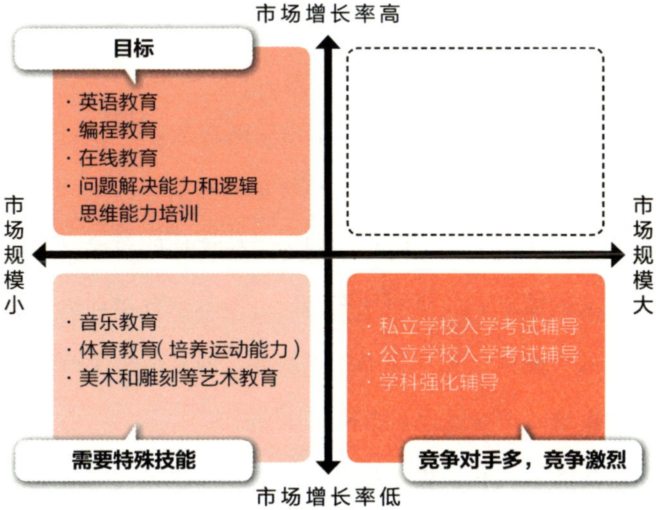

图 5-4　通过“市场增长率”和“市场规模”对教育培训细分领域分类的矩阵

在这种局面下，如果我们想新开一家教育培训机构，就必须先明确决胜的领域，并集中投入时间和精力等资源。

我们的重点目标是市场增长率高、市场规模小的领域。

虽然右下象限的教育培训细分领域市场规模大，但这个领域的培训产业已经发展得很成熟了，许多在大学和高中入学考试方面具有影响力的培训学校占据了很大的市场份额，各教育培训机构形成了群雄逐鹿之势。如果我们想进入这个市场，就会面临激烈的竞争，经营失败的风险很大。

左下象限的音乐教育、体育教育和艺术教育需要具备特殊的技能，如果我们没有相关的专业知识，最好还是不要轻易试水。

日本政府新修订的《小学学习指导纲要》，**将“编程”和“英语”纳入必修课程，**并将其列为考核评估的对象。

在教育产业中，一旦课程被列为考核评估的对象，就意味着出现了巨大的需求和商机。现在已经有部分教育培训机构准备在课程中列入“编程”和“英语”等内容，但是从整个行业来看，目前的教育培训供给远远不能满足市场需求。

随着智能手机和平板电脑普及，选择在线教育的学生变得越来越多。但是，许多新兴机构都瞄准了这个市场，并且提供了不少免费内容。因此，在线教育并不具备很大的市场潜力和吸引力。

因此，我们可以一边关注市场规模较大的公立学校入学考试辅导和私立学校入学考试辅导，一边筹划开办以英语教育和编程教育为核心的培训机构，并在此基础上积极推进准备工作。

综上所述，在**选择目标层次、制定产品战略、开展市场分析、实施差异化战略**等市场营销的广阔领域，双坐标轴矩阵可以发挥巨大的作用。

第六章
覆盖从新产品研发战略至销售战略的“4P”

本章介绍的其他框架：产品生命周期

帮助你了解公司产品所处发展阶段的“产品生命周期”理论

在本章中，我将向大家介绍用于制定新产品研发战略和销售战略的框架。

假设你是一名咨询顾问，被上司要求为相机制造商D公司制定新产品研发战略提供支援。

那么，你应该从哪里开始着手呢？

营销领域有一个著名的关于新产品研发战略的框架，那就是产品生命周期（Product Life Cycle，PLC）。

在产品生命周期中，产品在面市后逐渐被用户接受，销售额不断增加，取得稳定的收益；然后，产品逐渐滞销，最终停产和停售。

一般来说，产品生命周期可以分为四个阶段：导入期、成长期、成熟期和衰退期，如图6-1所示。

导入期是指产品上市初期，企业需要在研发和设备方面投入大量资金。并且，由于产品的知名度不高，企业在营销方面也需要投入大量资金。在这个阶段，产品不一定能够取得相应的回报，有时会出现销售额持续低迷的情况。

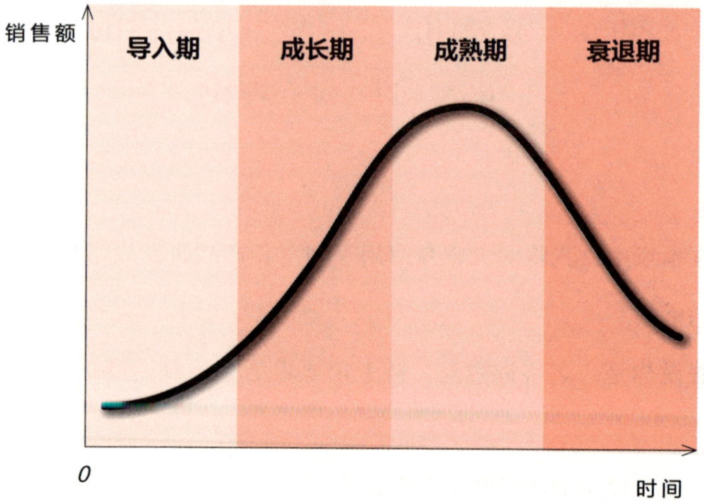

图 6-1　产品生命周期

这可能会导致产品还没有迎来成长期，就被迫下线或停产。这类情况屡见不鲜。

可以说，能够顺利熬到成长期的产品并不多。

在成长期，**产品逐渐被用户所接受，知名度越来越高，销售额和利润也不断增加。**

即使在营销方面存在失误，只要能采取措施向积极的方向转变，产品销售工作就能步入正轨。

成熟期是指产品进入推广普及的阶段。在这一阶段，产品销售额的增长率开始放缓，甚至出现停滞，利润逐渐减少。

在衰退期，产品的销售额和利润逐渐下降，最终导致企业不得不将产品停产、停售。

无论发展势头多么强劲的产品，都逃不出产品生命周期的规律。也就是说，如果企业一直过度依赖一种主力产品，当这种产品由成熟期转向衰退期时，企业很可能也会与产品一同陷入衰退的泥潭，导致经营困难。

不过，不是所有的产品都必须经过这四个阶段。有些产品在面市之初就备受欢迎，从而直接跳过了导入期；有些产品一直热销，成熟期很长，看起来不会进入衰退期；有些产品上市销售情况并不理想，并没有进入成长期和成熟期就直接从市场上消失了。

区分产品所处的阶段是一种简单、实用的方法。因此，我们不需要精确地知道各个阶段究竟是从什么时候开始，又是在什么时候结束的。通过了解“企业的产品现在处于哪个阶段”，我们可以更加科学地制定营销战略和销售战略。

针对深陷衰退期泥潭的商品的杠杆措施是什么？

下面，我们来思考相机制造商D公司的新产品研发战略。

实际上，如果从总体上将数码相机看作一种产品，那么从产品生命周期的角度来看，数码相机确实已经进入衰退期了。

我们先看一下全世界数码相机出货量的变化情况：根据日本相机映像机器工业会统计，2010年全世界数码相机出货量超过了12 000万台；2020年全世界数码相机出货量只有888万台。在10年之内，数码相机的市场竟然萎缩到只有原来的1/14。

数码相机主要分为两种：一种是重量轻、拍摄简单便捷的**紧凑型数码相机**；另一种是品质高、手感厚重的**可换镜头数码相机**（无反光镜型和单镜头反光型）。

在社交网络日益普及的背景下，可以随时拍照并在社交网络分享照片的智能手机使用起来明显更为方便，因此备受消费者青睐。这样一来，数码相机特别是与智能手机竞争的紧凑型数码相机逐渐在激烈的竞争中落败，市场规模大幅缩水。

2018年，紧凑型数码相机的龙头企业卡西欧从数码相机市场退出。

尼康、佳能、奥林巴斯等相机行业知名企业的紧凑型数码相机业务也遭遇重创，营业收入从2010年达到峰值后，就一直呈逐步下降的趋势。到2018年时，全世界数码相机的销售数量已经缩水至峰值时的1/6左右。

但是，随着照片墙（Instagram）普及，以无反光镜型数码相机和单镜头反光型数码相机为代表的“**可换镜头数码相机市场**”迎来了转机，其**市场萎缩速度大幅降低**。

这是因为追求“晒美图”的年轻一代消费者对智能手机的拍照效果并不满意，转而**追求能够拍摄更高画质照片的可换镜头数码相机。**

只不过与紧凑型数码相机相比，无反光镜型数码相机和单镜头反光型数码相机等可换镜头数码相机的重量较大，**不便于女性用户使用，**这是一个难点。

因此，我们可以对数码相机市场的产品生命周期进行分析。

从整体来看，数码相机市场呈现出衰退的趋势，但如果我们对数码相机市场进行细分，还是有望发现具有发展潜力的领域的。

在衰退的市场中，存在有发展潜力的细分市场吗？

为了在高手云集、竞争激烈的市场中深入思考新产品研发战略，我们需要使用第五章中介绍的“定位矩阵”进行分析。

如果我们将定位矩阵用于分析新产品的研发战略，就可以明确应该如何对产品进行定位。

因此，我们可以用横轴表示“重量”，用纵轴表示“拍摄照片的画质”，以此对数码相机的定位进行分析，如图6-2所示。

从分析的结果中，我们可以看出许多问题。

位于左下象限的紧凑型数码相机与智能手机之间存在直接竞争关系，从与社交网络配合使用的便利程度来看，具备通信功能的智能手机自然是占尽上风的。

在这种情况下，我们应该将关注的焦点更多地集中在右下象限的“重量小，拍摄照片的画质好”上。

这是因为虽然许多女性用户都表示“希望拍摄出可以在照片墙等社交网络上发布的画质好的照片”“无反光镜型和单镜头反光型数码相机太重了，使用起来很不方便”，但是目前还没有一种产品能够有效满足用户的这些需求。

图 6-2　数码相机的“定位矩阵”

因此，我们应该向D公司建议集中精力研发与既有数码相机不同的“新型轻量单反数码相机”。虽然这个要求对于技术团队来说是一个很大的挑战，但是一旦研发成功就可以开拓出全新的广阔市场，具有非常重要的意义。

在使用定位矩阵时，我们选择什么作为横轴和纵轴的指标是至关重要的。在上文的例子中，我们选择的指标是“重量”和“拍摄照片的画质”。在实际操作中，这些指标的选择与使用框架的目的紧密相关，使用框架的目的不同，选择的指标也就不同。

除此以外，定位矩阵还可以使用许多指标，比如功能、质量、价格、设计风格等。在**探索未知市场和制定差异化战略**方面，这些指标是非常有效的工具。

从企业和消费者两方面出发谋划战略的“4P”

在市场营销领域，有一个不可或缺的框架，那就是市场营销组合“4P”。“4P”是产品（Product）、渠道（Place）、价格（Price）和促销（Promotion）的首字母组合，最早是由美国营销学家杰罗姆·麦卡锡提出的，如图6-3所示。

图6-3　市场营销组合“4P”

产品：在满足客户需求的同时，力求突出差异化特色

“4P”中的第一个“P”是“Product”，即“产品”。

第四章中提到的从“客户”“竞争对手”和“公司”三个角度分析问题的“3C分析法”是非常实用的市场营销框架。但是，在实际使用时，往往容易出现“公司”优先于“客户”和“竞争对手”的问题。

3C分析法并不仅仅是用来明确“公司的事情”的。

如果混淆了这一点，即使好不容易想到运用3C分析法解决问题，也会在竞争中失败或者在“忽视了客户的错误战略”中倾注过多精力。

比如某汽车制造商在执行向主要生产、销售畅销的小型车的战略转型的过程中，选择了向亚洲发展中国家全面转移生产线的措施。

根据这家汽车制造商的判断，由于竞争对手的小型车都在日本生产，因此如果自己将生产线转移到亚洲发展中国家生产，必然可以在成本方面确立自己的优势地位。同时，如果自己能生产出节能的环保车型，就可以体现出自己产品的优越性，即使不在日本

生产，也能赢得客户的信任，从而使客户继续购买自己的产品。

但是，结果令人大跌眼镜，之前排在新车年度销量前十名的畅销车型遭遇了滑铁卢，销量大幅下滑。

这是因为客户认为“在亚洲发展中国家生产的汽车质量肯定比不上在日本生产的汽车”，虽然在亚洲发展中国家生产的汽车价格较低，具有一定的吸引力，但是不足以抵消客户对于汽车质量的顾虑。

最终，这家汽车制造商的目标客户全都被竞争对手在日本生产的汽车所夺走。

由此可见，市场营销的关键在于“竞争对手”和“客户”。企业应该重点关注：与竞争对手相比，自身如何通过提供差异化产品更好地满足客户的需求。这才是至关重要的。

如果产品本身没有优势和特色，无论怎样努力进行推广宣传都是徒劳的，根本无法提高产品的销量。

市场营销领域所谓的差异化是指企业在产品的功能、质量、价格、设计风格、购买方法以及售后服务等方面，突出自己的独特性（优势），使得自己的产品与竞争对手的产品相比是具有吸引力的。

如果企业不能凸显自己的产品与竞争对手产品的差别，就无法吸引客户购买自己的产品。

价格：通过“需求”“竞争”“成本”三个要素明确合适的价格

“4P”中的第二个“P”是“Price”，即**“价格”**。从某种意义来说，在市场营销领域，价格甚至是比产品本身还重要的因素。

如果产品价格设定得合理，就能吸引客户购买产品，从而提升公司的营业收入，并让产品成为“明星产品”或“金牛产品”。

与之相反，如果产品价格设定得不合理，就会被消费者和客户排斥，产品甚至都熬不到成长期就被迫停产、停售了。

由于定价不合理，导致在面市前被认为肯定能畅销的产品滞销，不久之后就从市场中销声匿迹的例子屡见不鲜。

在这一点上，既有的知名企业也不例外。

比如因所有菜品和酒水定价相同而闻名的某连锁居酒屋，在2017年以材料费和人工费上涨为由，将所有菜品和酒水的价格从280日元上调至298日元。

这样做的结果影响非常明显。在价格上调的四个月后，来店消费的顾客逐渐减少，到2019年，这家连锁居酒屋的营业收入已经下降至2018年的一半左右。

当然，我们并不能据此判定价格调整就是这家连锁居酒屋营业收入下滑的唯一原因。但是，提价是导致这家连锁居酒屋顾客流失的重要原因，这一点是毋庸置疑的。

在设定价格时，我们需要兼顾**“价格战略”和“价格战术”：“价格战略”是指综合考虑预期营业收入、成本和竞争对手价格等因素，来决定售价大体范围的方法；“价格战术”是指在销售一线通过观察市场动向，来决定折扣价格和促销价格等的方法。**

如果价格战术发生了偏差，就会失去目标客户。在这种情况下，前文所说的向D公司提出研发“新型轻量单反数码相机”的方案也就无法奏效。

在设定价格时，我们需要**综合考虑需求、成本和竞争对手**三个要素，如图6-4所示。

实际上，这三个要素是3C分析法的另一种说法。其中，“竞争对手”是完全一样的，“客户”相当于“需求”，“公司”相当于“成本”。从这一点我们可以看出，3C分析法是一种具有普遍适用性的框架。

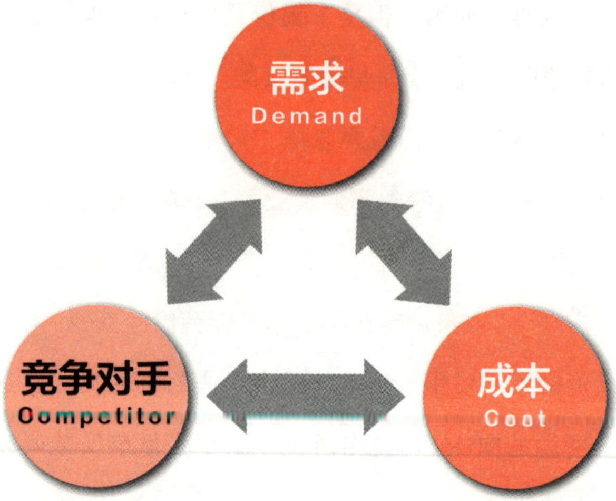

图 6-4 设定价格的三个要素

设定价格，明确总体目标是提高市场占有率还是尽可能多地盈利

设定价格的具体流程，如图6-5所示。

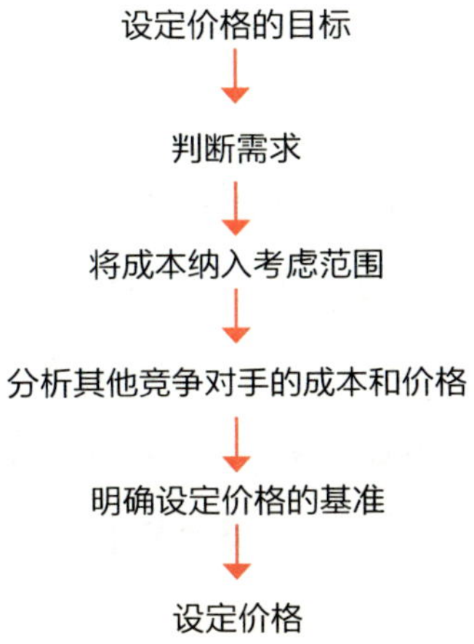

图 6-5　设定价格的具体流程

第一步是明确“设定价格的目标”，这样一来，定价本身就会变得非常容易。

大体来说，**“设定价格的目标”就是明确到底是要提高市场占有率，还是要尽可能多地盈利。**

如果企业觉得确保市场占有率是最重要的，那么设定的价格就要相对低一些，以便尽可能多地争取客户。

如果企业觉得尽可能多地盈利是最重要的，那么设定的价格就要相对高一些，以赢得特定客户的支持。

还有一种定价策略，企业可以在产品刚面市的时候将价格设定得比较低，以此不断向市场渗透。

第二步中的**“需求”**与第一步中的**“价格”是一对相互平衡的因素。**一般来说，设想的需求量越小（客户越少），设定的价格就应该越高；设想的需求量越大（客户越多），设定的价格就应该越低。

比如在图书定价方面，文学类、经管类和教育类图书的定价一般比较低；与之相对，医学类和艺术类专业图书的定价就非常高。

第三步中所说的“成本”，除了制造成本以外，还包括物流、销售和宣传成本，以及人工成本。即使在选择低价战略的情况下，企业也不能丧失底线，设定低于成本的售价。除了极个别的情况以外，综合成本就是定价的下限。

第四步中的“其他竞争对手的成本和价格”也是设定价格时必须考虑的因素。

当竞争对手以低于企业的价格销售同等质量和功能的产品时，或者以同等价格销售比企业质量更好的产品时，企业的目标客户就会被抢走。在这些情况下，企业就需要调整价格。

第五步中的“设定价格的基准”是指**从“需求”“成本”和“竞争对手”三个要素中选择应该在哪个要素上重点发力。**

在完成上述五个步骤的基础上，企业最终给产品设定合适的价格。

由于我们必须提出应该如何对D公司的“新型轻量单反数码相机”进行定价，因此，我们可以使用定位矩阵，对D公司产品的价格区间进行细致的梳理和分析，最终提出建议，如图6-6所示。

D公司已经停止生产紧凑型数码相机了，现在生产的主力产品包括两种：一种是高性能、价格高、重量大的产品B，另一种是性能和价格都略有下降的产品A。

为了实现轻量化的目标，新产品研发需要投入大量经费，成本较高，因此定价就比产品A要高一些（成本）。

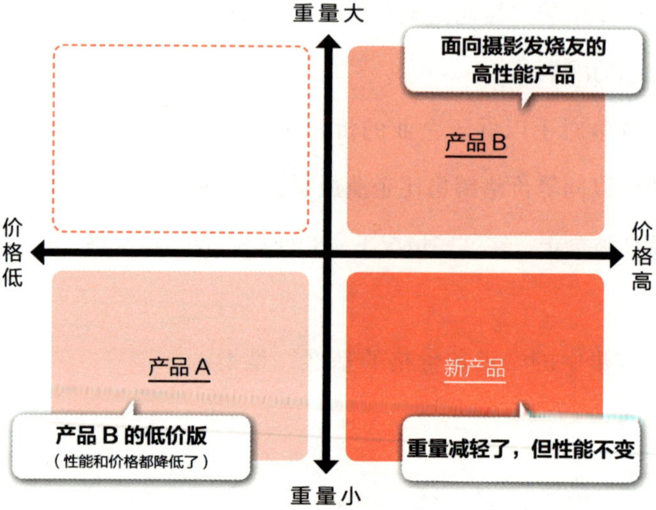

图6-6　使用定位矩阵分析“新型轻量单反数码相机”的定价策略

同时，新产品是竞争对手尚未研制出来的“新型轻量单反数码相机”，因此**可以突出差异性**（竞争对手）。

“新型轻量单反数码相机”的主要目标客户是年轻女性，她们手中可以支配的收入并不多。不过，她们重视照片墙等社交网络，因此对于“新型轻量单反数码相机”是**有一定需求预期的**（需求）。

综合考虑上述因素，我们可以向D公司提出建议：**“新型轻量单反数码相机”的定价应该比产品A高，比产品B低。**

渠道：营销战略整体成果的最终体现

“渠道”是指销售途径（流通网络），也就是经销和分销产品途径。

被誉为“现代营销学之父”的美国管理学家菲利普·科特勒认为，“渠道是指从生产者向消费者转移产品及其所有权时涉及的所有机构（企业）的集合”。

对于企业而言，如何选择销售渠道是与产品研发、广告、宣传、定价等营销战略整体密切相关的重要事项。

企业通常都会选择多个销售渠道。但是，也有不少由于渠道出现问题，导致企业失败的例子。比如片面重视缺少人气的渠道，导致营业收入萎靡不振；销售渠道之间发生内耗，相互争夺顾客，影响了整体销售业绩等。

与之相反，如果企业构建了优秀的销售渠道，就可以与批发商、仓储机构、分销商和消费者共同构建良好的销售网络。

如果企业将经营目标定位为与所有相关利益方共赢，那么销售渠道就不仅仅是实现营业收入和利润最大化的工具，而是变成了追求、创造、传递并提供价值的手段。

一般来说，实体产品的销售渠道包括超市、百货商店、精选店等实体店和各种电子商务平台。此外，有些行业拥有特有的销售渠道，比如汽车经销商和保险代理公司等。

规划销售渠道的三种方式

企业规划销售渠道的方式一般有三种。

第一种方式是规划多个渠道。食品、日用杂货和电机设备等产品如果不尽可能多地拓展零售渠道，就很难提升销售额。在具体运作时，企业需要充分发挥多个批发商和零售商的作用，以期实现销售渠道多样化。

第二种方式是聚焦单一渠道。企业可以与批发商和零售商签订合同，授予其某产品的独家经销权，以换取批发商和零售商不经营竞争对手产品的承诺。

这种方法的优点包括：企业易于管理销售渠道；企业可以与零售商紧密合作，统一实施促销广告和店前宣传等商业推广活动。

第三种方式介于第一种方式和第二种方式之间，就是限定少数渠道。

家电产品是限定少数渠道比较具有代表性的实例。在家电产品市场中，存在家电制造商、区域总代理、销售公司、地区连锁家电商店的传统渠道。

后来，由于大型家电卖场崛起，家电制造商也变得越来越重视大型家电卖场。

最近，制造商向消费者直销的案例变得越来越多了。这种渠道就是被称为直销的销售形态。

之所以出现这种局面，是因为随着互联网普及，制造商越来越重视发挥互联网的作用。这有效解决了运营实体店的成本问题，为构建企业与客户直接联络的销售渠道提供了便利。

促销：推动消费者购买产品的所有活动

“Promotion”（促销）是指宣传公司的产品，吸引客户的兴趣和关注，激发客户的购买欲望，并推动他们最终购买产品的所有活动。促销是营销活动“4P”中的核心要素，大体可以分为四种方法，如图6-7所示。

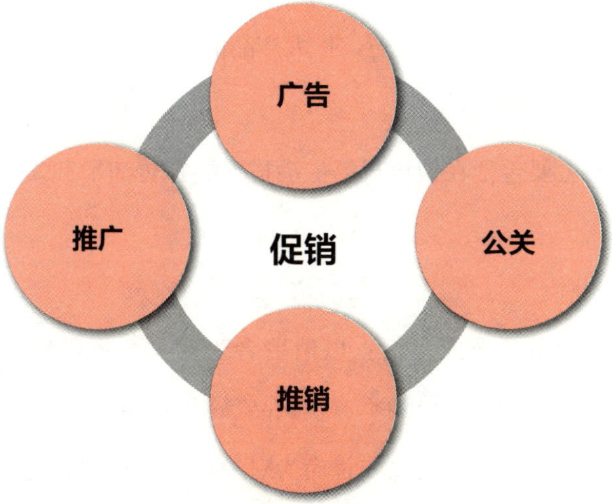

图 6-7　构成促销的四大要素

第一种“广告”指的是使用付费媒体，对外广泛宣传企业名称、品牌名称以及产品名称的方法。这些付费媒体种类多、范围广，主要包括电视、广播、报纸、杂志、互联网新闻网站、户外广告（广告牌、海报等）、直邮广告、说明书、传单等。

第二种**“公关”指的是使用报纸、杂志、电视、广播、新闻网站等渠道，通过新闻和话题性节目等形式，进行免费推广、介绍的方法。**

如果不是行业龙头推出的划时代产品，媒体是不会主动对其进行宣传报道的。因此，企业应采取积极的姿态，主动联系媒体，向其提供报道资料、宣传手册和试用品，并承办新产品发布会，借此推动媒体跟进报道，扩大产品的知名度和影响力。

第三种**“推销”指的是以店前迎宾和上门销售为代表的方法。**

推销主要包括在销售现场主动揽客、宣传演示和发布信息等形式。

第四种**“推广”指的是除了广告、宣传、推销以外的促销活动。**推广的主要形式包括：以消费者为对象，提供样品和试用品、代金券、折扣券、抽奖、换购品、促销商品、特惠商品、积分卡、免运费服务等；以零售商为对象，提供折扣和返点、店内海报和宣传册、支援活动等。

比如D公司的新产品瞄准的客户目标是“在照片墙等社交网络上分享照片”的年轻女性群体。因此，我们可以在照片墙等社交网络上申请开设新产品的官方账号，并策划各种宣传活动，比如发布消息征集使用新产品相机拍摄的照片等。通过一系列宣传活动，可以帮助新产品在导入期内吸引众多粉丝的关注和支持，从而直接提升新产品的销售额。

这样一来，我们**通过对产品生命周期进行缜密分析，发现了能够吸引新客户关注的产品定位，完美地解决了面对日益衰退的市场研发新产品的难题。**

正如上述实例所示，企业通过充分运用市场营销的框架，可以制定合适的新产品研发战略。

第三部分
目标实现框架

第七章
创造价值的“业务系统”

本章介绍的其他框架：价值链分析

需要能够创造出价值的人的时代

最近，企业针对工作的评估标准发生了很大的变化。

过去一直倡导员工应该长时间工作的日本企业也逐渐开始转变风格，将衡量工作业绩的指标从“每天工作时长”改为“创造出了多少成果”。

我曾工作过的麦肯锡从来不会因为员工工作时间长而表扬员工。如果有人抱怨自己总是加班，反而可能遭到讽刺：“这可真糟糕！你这么辛苦，到底创造出了多少价值呢？”

简而言之，“价值”是指对于自己、客户和合作伙伴而言有利的事物。

通过工作，你可以为公司、客户和合作伙伴带来某种好处，这才是有价值的工作。

举个例子，连锁咖啡厅提供给顾客的价值是什么呢？

以“星巴克”为例，它给顾客提供了家（第一空间）和办公室（第二空间）以外的“第三空间”。

也就是说，“星巴克”向顾客提供的不仅仅是醇厚芳香的咖啡，还有清新雅致的环境和温馨舒适的氛围。顾客可以在这里放慢节奏，从疲于奔命的工作状态中解脱出来，身心愉悦地与朋友谈天说地、畅聊人生，也可以在这样的氛围中使用笔记本计算机办公。这无疑为身心疲惫的人们提供了一个可以**自由享受生活的理想空间。**

在这种氛围下，咖啡厅的空间就变成了进行智力活动和让身心愉悦的场所。可以说，这才是“星巴克”提供的真正价值。

作为一名商务人士，你需要面对的要求是为客户提供切实可行的问题解决方案，或者根据客户的需求提出新的产品战略。如果你是公司内某个项目组的负责人，那么你要解决的问题就是如何提高团队的整体效率、如何提升团队的成果。

无论是在办公室长时间加班也好，还是为了工作每天睡眠不足三小时也好，如果你不能创造出相应的价值，就无法满足客户的需求，也就得不到客户的认可。

与之相反，哪怕你每天到了规定的下班时间就打卡离开公司，只要你能够创造出相应的价值就可以了。

只有创造出价值才能得到肯定

麦肯锡推崇的价值是“客户至上主义”，也就是**要最大限度实现客户的利益。**为了实现客户利益最大化，麦肯锡的咨询顾问需要经常反思自己创造的价值究竟是什么。

评价的对象只有已经创造出来的价值。只有创造出价值的人才会被高看一眼，受到人们尊重。

这就是麦肯锡的风格和企业文化。

在麦肯锡工作期间，我总是努力去寻找令客户眼前一亮的创意并对其进行充分验证，平时注意积累有助于解决问题和提出创意的信息，并有意识地将这视为自己工作的价值所在。

对提供价值性质进行分析的“价值链分析”

那么，我们究竟应该怎样做才能最大限度地实现价值呢？

在本章中，我将介绍有助于实现这一目标的高效框架“价值链分析”。

价值链分析是聚焦企业功能和活动流程，对其究竟能提供怎样的价值进行分析的框架，如图7-1所示。

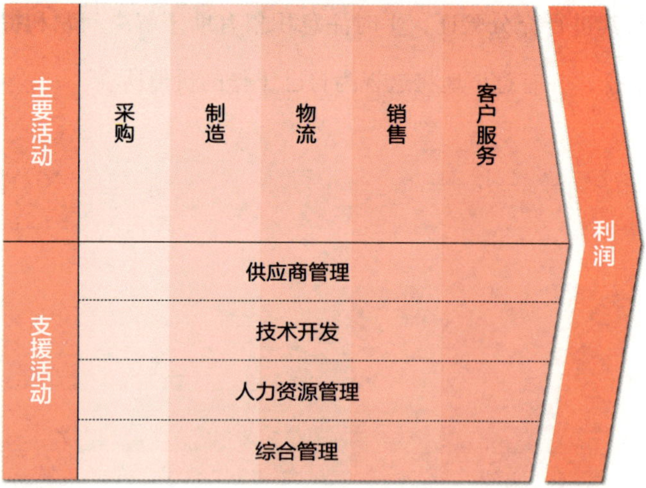

图 7-1 价值链分析

迈克尔·波特在其著作《竞争战略》中率先提出了这一概念。

波特认为，直接为企业贡献价值的功能和活动主要包括“采购”“制造”“物流”“销售”和“客户服务”五种，发挥间接支援作用的功能和活动主要包括“供应商管理”“技术开发”“人力资源管理”和“综合管理”四种。

在连续的流程中对必需的要素进行分析的“业务系统”

与价值链分析相同，下面介绍的“业务系统”也是从体系流程的角度看待事物的框架。业务系统“按照功能和工序，对运营事业必需的要素进行分类，并汇总为连续的流程（业务流程）”。通过对自身和竞争对手的业务系统进行比较，企业可以明确究竟要在哪些功能和工序中突出自身哪方面的特色。

比如制造业企业的“业务系统”包括“开发→设计→零件采购→制造→营销→物流→批发→销售”等一系列流程。“制造”工序的“子系统”又可以细分为“加工→组装→涂装”。

当然，由于子系统也是由多个工序构成的，因此“加工”和“组装”之间还可以增加“运送”“检查”等工序。

上述制造业企业的“业务系统”，如图7-2所示。

这样一来，我们就可以按照各个工序挑选出必须做的事项，从而进一步明确自己应该做的事项。

以“零件采购”工序为例，我们先要明确哪些是必要的零件，然后找出制造这些零件或者今后可能涉足这一领域的企业。

具体而言，“零件采购”就是由多个零件供应商提出报价，然

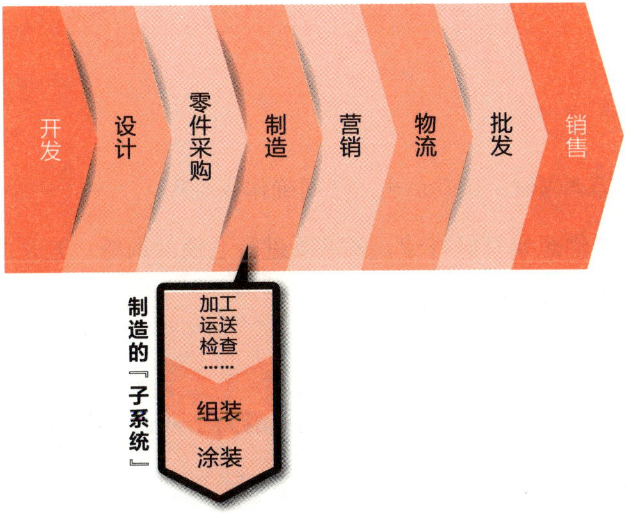

图 7-2　制造业企业的“业务系统”

后企业围绕采购价格与供应商进行谈判，反复权衡质量、生产能力和经营稳定性等各种条件，最终选择合适的供应商。

如上所述，我们通过使用业务系统，逐一明确作业流程，可以**防止出现作业遗漏或失误。**

把握整体流程，制作项目设计图

在运动领域，运动员也需要明确作业流程。

如果你想要打好排球，就需要进行系统的训练，光是练习扣球是根本不可能打好排球的。

这是因为排球不仅仅是用手击球的运动。

想要打好排球，需要练习发球、接球、托球、扣球、拦网等多种技术。

因此，无论你扣球的水平多好，如果你发球和托球的技术不行，你就根本得不到上场的机会。同时，你还要有足够的体能储备，否则你就无法成为常规的首发球员。

排球技术进步快的选手往往会对这些技术组合进行分析，反复练习特定的技术，重点解决存在短板的关键技术，锤炼自己擅长的重点技术。

比如在对托球技术进行分解时，要求做到下述三个要领：一是快速接触球的正面；二是尽可能降低重心；三是将球准确地传给目标球员。

如上所述，按照步骤对一系列流程进行分解，然后厘清每个步骤应该做什么具体内容的方法，是具有普遍适用性的高效工作的秘诀。

在把握整体流程和制作项目设计图时，业务系统可以起到明显的推动和促进作用。同时，在探索问题的真正原因时，业务系统也可以起到一定的效果。

如果结合上文提到的排球的例子，当你在比赛时遇到“总是扣不死球”的问题时，出现问题的可能不仅仅是扣球这个技术环节。

在对技术进行分解时，你需要找准真正的原因究竟是什么，是“拦网没有起到作用”，还是“接发球出现问题”，或是“二传没有发挥作用，配合不够默契”等。

在商业场合中，我们也需要按照各个要素（工序）探寻出现问题的原因，通过找准真正原因，解决存在问题的环节，实现改善整体流程的目标。在这种机制下，我们就可以更好地规划业务流程了。

因为将业务系统分解为三个阶段，所以更容易发现价值

下面，我们一起来探讨如何充分发挥业务系统的作用来创造价值。

我们可以按照下述三个阶段分析业务系统，如图7-3所示。

（1）把握流程：从整体把握创造价值的“工作整体流程”。

（2）分解步骤：为了创造价值，将整个流程分解为必要的步骤。

（3）确定要素：摘选出各个步骤的工作内容。

图7-3说明了业务系统的三个阶段，同时又将整体细化分类为各种要素。

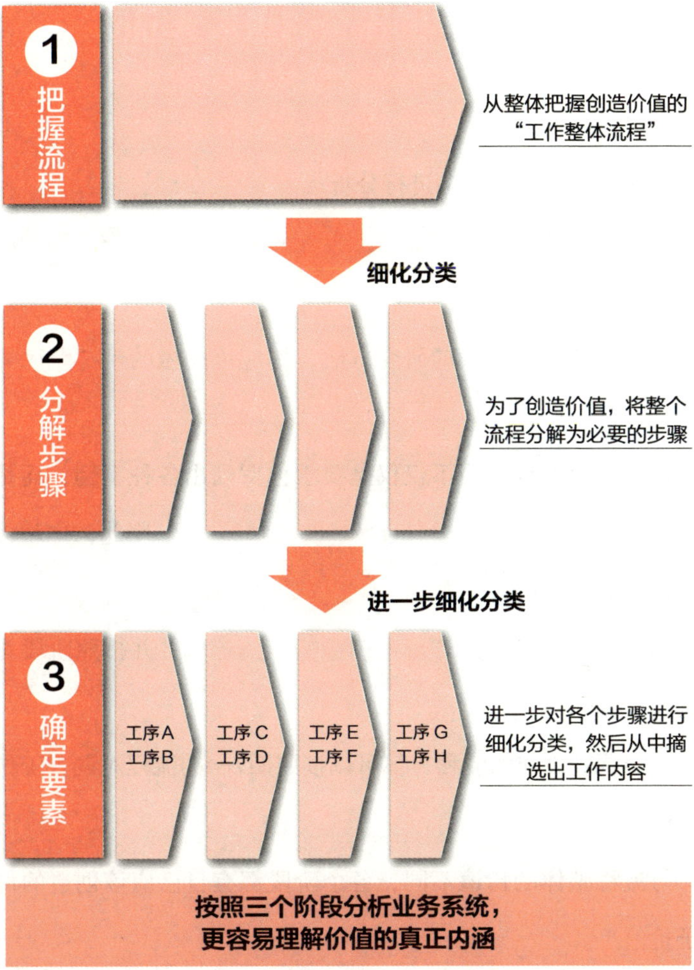

图 7-3　按照三个阶段分析业务系统

设定调查工作的流程和子价值

下面，我将结合实例进行分析。

比如上司要求你去“调查超级市场和便利店中自有品牌的现状”，你应该怎么做呢？

根据上述三个阶段的研究方法，你应该先做的是“明确应该创造的价值”。

你一定会发现上司不仅仅是要求你罗列出各种事例，而是希望你“深入研究并提炼出自有品牌的成功模式”。因此，你就将应该创造的价值设定为“发现自有品牌的成功模式”。

你接下来要做的是“思考创造价值的流程，并按照阶段对流程进行分解”。

关于调查工作的流程，你可以按照图7-4的流程对调查工作进行细化分类。

与流程整体的价值不同，各个阶段都有自己应该创造的价值（子价值）。

比如“第一步：明确目的”的价值就是“确认目的，确保能够有效地推动工作进展”。

你最后要做的是“按照分解后的阶段，摘选出更为细化的工

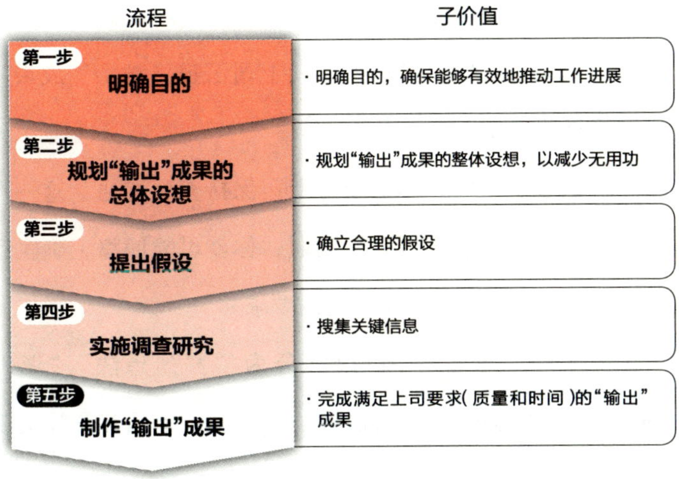

图 7-4　调查工作的流程和子价值

作内容”。

你要分别列出详细项目，确保不存在遗漏和失误。

比如在“第一步：明确目的”中，你需要完成“明确调查项目”“明确调查的必要背景”“明确调查日期”“明确调查对象范围”“明确‘输出’成果的指标（体量和完成度）”等具体工作内容。

在调查初期，通过明确“输出”成果的指标，我们可以防止出现调查不够细致或调查占用过多精力等问题。

在“第二步：规划‘输出’成果的总体设想”中，你需要完成“明确‘输出’成果的形式和格式”“明确制作成果的办公软件”“搜索类似案例或参考案例”“向上司汇报‘输出’成果的总体设想”等具体工作内容。

当然，在这个阶段，你必须与上司保持充分沟通，这一点是不可或缺的。如果没有进行充分沟通，你就可能偏离正确轨道，导致“输出”的成果无法满足上司的要求。

“第三步：提出假设”可以细分为“罗列想法”“聚焦重点”“提出假设的理论”“针对假设的理论征求上司和资深员工意见”等步骤。

其中，**“针对假设征求上司和资深员工意见”**的环节尤为重要，因为在**这阶段是容易对偏离正确轨道的情况进行纠正的**。一旦调查开始了，你想要纠偏就很困难了。如果非要推倒重来，就会**浪费大量的时间和成本**等经营资源。

“第四步：实施调查”可以分为“决定调查对象”“决定调查项目”“决定调查方法（报纸、杂志、书籍、网址、访谈、调查问卷等）”“制定调查计划”“实施预先调查”“实施正式调查”等环节。

“第五步：制作‘输出’成果”主要包括最重要的“分析调查结果”、当判断调查不充分时的“实施追加调查”和回应上司期望的“制作‘输出’成果”等环节。

当你逐渐掌握了“业务系统”这种框架后，你就会在大脑中形成印象，可以轻松地想象出具体的画面。但是，你在最开始时还是要**在纸上实际画出“业务系统图”**，这一点非常重要。

你需要**检查“业务系统”是否存在遗漏和失误、步骤和环节是否统一。**一旦完成核对，你就应该按照业务系统图执行、落实。然后，你可以将完成的业务系统图放在身边，作为核对清单，用来监管工作进程。

在实际工作中，你应该充分发挥业务系统图的作用，确认工作的进展状况，反映出“现在正在完成哪个环节”“接下来应该开始哪个环节”。同时，业务系统图还可以帮助你了解工作中存在的主要矛盾和问题。

此外，在组建团队推进工作时，**通过制作团队整体的业务系统图和成员个人的业务系统图，你可以顺利地共享信息，帮助大家轻松了解团队当前所处的“工作阶段”。**

当上司和客户向你提出工作要求时，你不应当盲目追求响应速度，而是应当先静下心来，梳理出接下来必须做的工作，**以业务系统图的形式汇总，制作工作的整体规划。**

通过这种方法，你可以有效提升工作速度，避免出现“遗漏某项工作”“颠倒工作顺序”“工作不够细致”等问题，大幅提高工作效率和质量。

如果你想向大型医院推销手术用具……

请想象一下下述场景：你是一家医疗器械公司的销售负责人，接到了上司要求向大型医院A推销手术用具的任务。

那么，你应该从哪里着手呢？

优秀的销售人员绝不会贸然开始营销活动。一般来说，他们最先做的都是彻底地了解客户的需求。

了解客户需求的具体方法有很多，你可以从绘制A医院手术前后的业务系统图开始。

在这种情况下，手术用具应该创造出的价值是“被适当、合理使用，保障手术成功完成；手术后，被妥善整理和保管”。

接下来，你应当认真思考手术前后创造价值的流程，对其进行细化分类，并以分步的形式表现出来，从制定手术计划开始。

· 针对什么患者；

· 什么时候；

· 在哪里；

· 为了什么；

· 由什么人；

· 使用什么设备、物品；

· 花费多长时间；

· 怎样实施手术。

在明确上述事项的基础上，你就可以编写计划书了。

然后，你可以按照八个步骤列出手术前后的流程，分别设定每个步骤的子价值，具体如图7-5所示。

流程	子价值
Step1 制定手术计划	· 制定计划，避免遗漏和失误
Step2 准备物品、药剂和卫生材料	·准备必要数量的物品、药剂和卫生材料，实施灭菌处理，避免浪费
Step3 准备手术室	· 整理环境，确保手术顺利进行
Step4 核对患者信息，确认手术的具体方法	· 明确患者的症状和手术具体方式，共享信息
Step5 推入患者，实施术前处理	· 在适当的时机将患者推入手术室 · 适当地实施术前处理
Step6 实施手术	· 稳妥细致地实施手术，实现手术目标
Step7 推出患者	· 在适当的时机将患者推出手术室
Step8 清理手术室	· 整理物品和药剂，清理手术室，确保下台手术顺利实施

图 7-5　手术流程的“业务系统图”

从推销产品向推销服务转变

为了安全高效地实施手术，医院需要在确保质量的前提下，采购各种手术用具、药剂、卫生材料等医疗物资。

A医院每天都会有多台手术进行，需要使用大量的手术用具、药剂和卫生材料。

以A医院为例，负责医疗物资管理的是护师，他们需要接收、检验医疗物资，核查清点库存，并准备手术使用的物品、药剂和卫生材料。

不仅如此，护师的职责还包括准备手术室、引导或运送患者进入手术室。因此，在手术前后，护师会忙得不可开交。

最近，医院对这些业务中的部分项目进行了规范，并转由护士负责。但是，随着工作内容调整，护师需要完善员工手册，并进行教育培训和督导检查。因此，他们的工作量反而大幅增加了，他们的压力并没有得到缓解。

在对A医院的护师进行调研后，你发现物品管理方面的工作会牵扯护师很大的精力，需要花费他们相当多的时间。

物品管理本来不是护师的工作。**如果护师能将用在物品管理上的时间转而投入到护理服务的本职工作上，必然可以提高护理**

服务的质量，从而提升患者的满意度。

因此，你发现了一个商机，完全可以承接A医院手术室物品管理的业务。当然，你要推销的不是手术刀之类的商品，而是**物品管理的服务。**

具体而言，就是你们公司向A医院派遣负责手术室物品管理的员工，承接从术前准备手术相关物品到术后清点手术相关物品的所有流程。

如果你想推销手术刀等单个物品，就会面临大量强有力的竞争对手，并且会不可避免地陷入价格战的泥潭。

然而，如果你推销的是物品管理服务，面临的竞争对手就不多了。一旦你们公司和A医院签订了合同，满足了对方的需求，就可以构建长期合作的伙伴关系。

由于向手术室派遣了员工，因此你可以与医生和护师等院方员工保持深度交流，构建良好的人际关系，从而轻松地搜集到医院内的各种信息。

发掘公司可以向客户提供的价值

从院方的角度来看，将原本由护师负责的手术室物品管理的业务外包给专业机构，可以要求对方派遣专员在手术室工作，从而放心地将繁杂的物品管理工作全权交给对方处理。

这样一来，护师就可以将节省出来的时间用在术前沟通、搜集患者信息、急救处理以及与医生联络协调等业务中，从而进一步提升工作效率。

于是，你在说服公司并做好充分准备的基础上新开辟了以医疗机构为对象的物品管理服务业务。

在开辟新业务后，你可以通过制作宣传手册，与其他医院进行接触，争取赢得其他医院的信任和青睐，构建稳定的合作关系。

你之所以能成功做到这一点，是因为**物品管理服务符合医疗机构一线的实际需求。**

这样一来，你就成功地**发现了对于客户和公司而言有利的因素，也就是创造出了价值。**

为了了解公司的优点，你需要**从自己所在公司的产品中挖掘出对客户有益的价值，**这一点至关重要。发现这种价值，有利于公司**制定最终可以充分发挥竞争优势的经营战略。**

第八章

充满说服力的表达方式——“PREP 法”

本章介绍的其他框架：电梯测验、一个论点 + 三个论据、金字塔结构

希望向上司汇报工作但是对方却抽不出时间

在当今时代，可能每位商务人士都在一定程度上面临着一个难题，那就是如何更好地向对方表达自己的想法。

比如公司正处于一年中最忙的时间段，加上要应对客户投诉，导致上司忙得不可开交，但你又有事必须请示上司。在这种情况下，你应该怎样与他进行沟通呢？

你草拟了准备提交给重要客户的企划方案，需要在后天上午前完成初稿。但是，方案中还有一些重点内容需要请上司最终把关，如果上司不及时确认，你就无法按时完成任务。

鉴于当前的情况，你估计“上司明天上午没有时间，也许明天下午两点左右他能抽出时间来谈谈”，于是当上司回到他的座位，你就主动询问：“主任，请问您明天下午两点有时间吗？”

听到你这么问，你的上司的眉头马上就皱了起来，转过来就严厉地批评说：“你不知道现在是什么时候吗？我哪有时间？等到我手头上的事忙完了，就能挤出时间了，你还是等等吧！”

这样一来，你就被逼到绝路上了。就算上司应对客户投诉再忙，肯定也到不了10分钟左右的时间都抽不出来的程度。

那么，为什么上司会冷淡地拒绝你呢？

上司拒绝你的三个理由

在上面这个案例中，你至少犯了三个错误。

第一，**你在按照自己的情况来安排上司的时间。**这是最大的错误。

在商业场合中，人们往往要优先应对客户的需求和投诉。上司正在忙着应对客户投诉，不得不想办法有针对性地满足对方的诉求，根本没有时间去想其他事情。

实际上，上司也不知道自己明天的计划，很可能突然就会被叫到客户那里，并立即采取应对措施解决问题。因此，他是不会轻易安排其他计划的。此时，你完全按照自己的想法，单方面提出预约计划，上司自然会感到不悦。他的表现也是合情合理的。

第二，**上司根本不知道你想要占用多长时间**。

按照上文案例中的表达方式，上司根本无法判断你到底需要多少时间，是只需要5分钟，还是需要30分钟以上。

在这种情况下，指定时间会令上司感到你要在一定程度上占用他的时间，你的请求自然会遭到拒绝。

第三，**上司不清楚你到底要谈什么内容。**

当突然被部下问有没有时间的时候，上司很可能会产生遐想，觉得是不是部下要辞职或者部下生活中遇到了什么问题。

在忙得不可开交之时，即使部门只是少了一个人，都会对业务造成不利影响。因此，上司自然不愿意触碰可能令他感到棘手的问题，只想采取冷处理的方式不予理会。

由此可见，你在最开始时就应该向上司明确，要谈的是工作方面的内容。这样一来，上司就会认同你的做法，从而给予你更多的关注。

向对方明确“要谈的事情是什么”“需要多少时间”

那么，你究竟应该如何向上司开口呢？

在这种情况下，你最好的表达方式应该是：“主任，我有一件关于××的事情想请示一下您，大概需要占用您5分钟时间，请问您方便吗？”

如果在最开始的时候，你就明确“要谈的事情（关于××的事情）”“需要的时间（5分钟）”，也许你就可以赢得上司的理解，觉得“原来是那件事啊！要是简要汇报的话，应该可以接受”，并决定当场听取你的汇报。

上司也许会提出替代方案，决定汇报的时间和形式，比如“我现在太忙了，抽不出时间，你30分钟后再来找我”“你先把计划书放在我办公桌上”等。

当然，说“只需要5分钟”是为了让上司放心，让他不用担心“会占用太多时间”，但这绝不意味着你们的谈话一定要在5分钟之内结束。

虽说如此，你还是应当简洁、快速地阐述要点。上司一旦开始听取汇报，往往不会轻易叫停，必须听到完全理解了为止。也就是说，当上司决定听取介绍后，剩下的就看你的表现了。在他要求停止之前，你要尽量把请示的内容表述完整。你在最开始时表明只需要“5分钟的时间”，是为了营造让上司难以拒绝的氛围。

如果能像这样用心，就连如何向对方开口都认真研究，你必然可以实现理想的沟通效果。

如果得不到上司的意见，你的工作就会陷入停滞。这种停滞对工作造成的影响绝不仅仅是进度延迟一两天时间而已，还可能会对之后的工作安排造成严重影响。这就要求我们认真对待提出话题的环节，妥善处理与上司沟通的时间。

利用电梯上下移动的时间传递重要信息的“电梯测验”

当上司回复说“只是5分钟的话，应该没问题”时，你必须在短时间内完整地表述重要信息。在这种情况下，你应该使用有效的关于汇报的框架，快速向上司传递重要内容。

在实际工作中，有许多可以用于汇报的框架。我在这里介绍一种叫作“电梯测验”的框架。

电梯测验是利用电梯上下移动时的短暂时间，向工作繁忙的对象（上司、客户）汇报重要情况，请示、审批的框架。

在电梯测验中，我们能够利用的只有“电梯上下移动的时间”。即使是摩天大厦等超高层建筑，电梯从一楼到顶楼通常也只需要1分钟左右。如果是高速电梯，可能只需要30秒就能从一楼到顶楼了。在电梯测验中，我们需要**在极短的时间内，简洁明了地向对方提出问题的概要和关键。**也许有人认为“明明只有30秒的时间，我怎么可能说清所有的事情”“除非我会特殊的表达技巧，否则根本不可能实现这个目标”。

但是，请你想象一下。如果换成是时长为15秒的广告，30秒的时间足够播放两条广告了。30秒的广告完全可以向观众传递出商品名称、功能和亮点等具备较大信息量的内容。

也就是说，如果你能**精准发现问题所在并梳理形成要点，就可以在短时间内简洁明了地把问题说清楚。**

电梯测验本来是麦肯锡向美国政府提议的应急方法，旨在应对核战争等重大危机，帮助美国总统充分利用从电梯向地下司令部转移的几分钟时间做出决策。

假设某国向美国本土发射洲际弹道导弹，美国的侦察卫星发现了相关征兆，负责卫星监控的人员立即向美国国防部汇报相关情况。

在接到相关信息后，情报人员立即利用参谋长联席会议主席乘坐电梯的时间汇报相关情况。其间，情报人员必须明确阐述发生的状况（分析形势），并提出接下来应该如何进行应对的意见和建议。

如果认真梳理总结，你可以发现，其流程是“报告事实”→“分析形势”→“提出建议”，如图8-1所示。

在听完汇报后，参谋长联席会议主席应立即与身处白宫的总统取得联系，并按照上述内容进行汇报。

总统在听完汇报后，将下达“立即启动洲际弹道导弹拦截系统”“将导弹攻击范围内的居民转移至避难所”“开始对某国实施核打击（按下核按钮）”等命令。

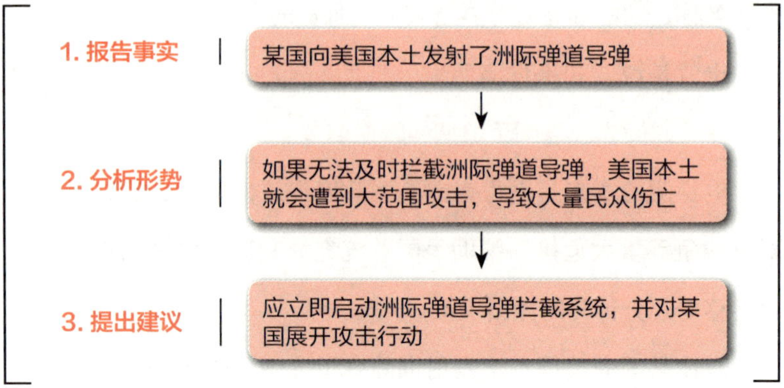

图 8-1　电梯测验流程

无论从地球上哪个位置发射，洲际弹道导弹到达美国本土都只需要数十分钟的时间。

如果在发射后十分钟内不能有效决策，美国就很可能遭受毁灭性打击，损失惨重。由于这种框架背负着国家的命运，因此最适合用来在短时间内进行简要汇报。

虽然这个例子有些极端，但是可以毫不夸张地说，对于普通商务人士而言，电梯测验是非常有益的框架。

此外，**当时间有限时，我们无须过度拘泥于5W1H（何时、何地、何人、何事、何因、何法）或起承转结等规定。**

按照“报告事实→分析形势→提出建议”的顺序进行汇报

我们换个例子再看一下。

假设你是一名咨询顾问，上司要求你给卫生用品制造商提供开发新产品的建议。

由于现在日本已经步入人口减少的时代，卫生用品市场也呈现出不断缩小的趋势。随着老龄化加剧，卫生用品市场越来越有可能迎来产品生命周期中的“衰退期”。

因此，你考虑的策略是加大对高附加值卫生用品的投入，彰显与普通卫生用品的差异化特色，以此提升卫生用品的单价。但是，竞争对手公司也采取了同样的策略，想要开发与其他公司不同的具有划时代意义的新型卫生用品是非常困难的。

面对这种局面，你只能被迫改变目标，将研究卫生用品积累的技术应用到面向老年顾客的尿不湿上，考虑以老年顾客为对象，开发之前从来没有过的新型尿不湿。上司的要求是“开发新型卫生用品”，因此你需要尽快向上司汇报变更目标的情况，并征得上司的同意。

于是，你找到机会追上了因工作而奔波劳碌的上司，跟着他一起进入了电梯，并实际应用电梯测验。

下面，我们参照前文介绍的案例，按照“报告事实”“分析形势”和“提出建议”的流程进行汇报，如图8-2所示。

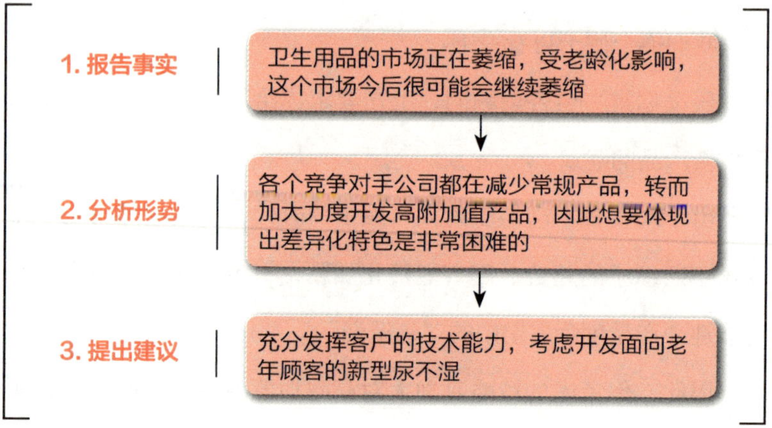

图 8-2　卫生用品新产品开发的电梯测验流程

当你阐述完自己观点的瞬间，上司会立即做出决定。在电梯门打开之前，他很可能会正式批准你的方案。

由于得到了上司的认可，你可以静下心来，全身心地投入制定计划的工作中。

先阐述结论的"PREP法"

由于"电梯测验"是从报告事实开始的，因此性格急躁的上司可能会感到不耐烦，甚至要求你"说重点"或者"先说结论"。

我接下来要介绍的PREP[①]法是一种先从结论开始阐述的框架，相对而言更适合向急性子的上司汇报工作，如图8-3所示。

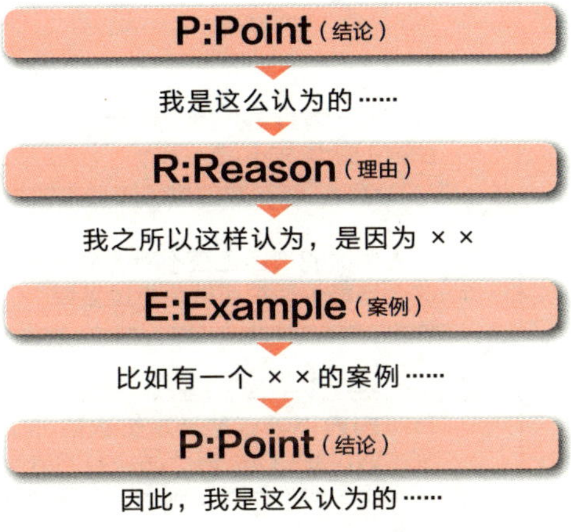

图 8-3　PREP 法

这种框架与电梯测验相同，适用于在时间紧张的情况下向上司或客户汇报。

① PREP是Point（结论）、Reason（理由）、Example（案例）、Point（结论）的首字母组合。

PREP法不仅可以在汇报、展示和阐述观点时发挥作用，也能够有效提高撰写报告和论文的效率。

在使用PREP法时，**首先要提出结论，其次要阐述理由和依据，然后要列举案例进行补充说明，最后要重申结论。**

最开始提出的结论相当于文章中的“题眼”。在对方集中精力认真倾听时，通过态度鲜明地提出结论，我们可以牢牢抓住对方的注意力，牵引对方跟着自己的思路走。

比如对上文提到的案例使用PREP法进行分析，如图8–4所示。

P 结论	建议充分发挥客户的技术能力，开发面向老年顾客的新型尿不湿
R 理由	卫生用品的市场正在不断萎缩，受老龄化影响，这个市场今后很可能将继续萎缩
E 案例	比如“宝洁（P&G）”公司已经停止销售曾经在日本国内市场占据一定份额的卫生用品护舒宝（Whisper）系列产品。其对外宣布的理由是“综合考虑市场占有率和市场增长潜力后做出的决定”
P 结论	日本社会老龄化问题日益突出，老年人口的数量还在持续增加。如果能充分发挥客户的技术能力，很有可能开发出面向老年顾客的拳头产品。因此，建议开发面向老年顾客的新型尿不湿

图 8–4　使用 PREP 法汇报新型卫生用品开发设想

在最开始时就明确提出结论，有利于对方深入了解主题（你在阐述什么内容）或形成总体印象，从而更加充分地理解你的意图。此外，在听过你的阐述后，忙碌的对方也更容易做出决策，不会出现焦躁的情绪。

PREP法不仅适用于商务场合，还适用于日常生活。

请你想象一下求婚的场景。实际上，许多人可能在不知不觉间已经用到了PREP法，如图8-5所示。

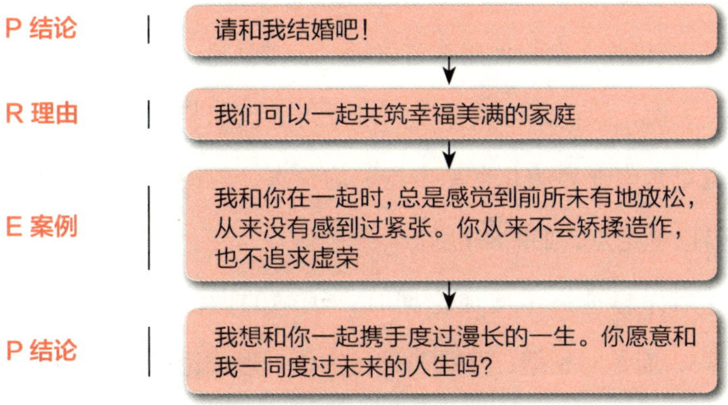

图 8-5　使用 PREP 法求婚

你觉得这样的求婚怎么样？

通过三个论据证明自己的论点

正如之前所述，PREP法是一种在汇报或沟通时可以发挥显著效果的框架。在使用PREP法时，最好能将其与“一个论点+三个论据”配合，以发挥最大作用。

“一个论点+三个论据”是指阐明自己最想表达的论点，并用三个论据（理由）来证明论点的框架。通过将PREP法与“一个论点+三个论据”组合使用，可以进一步增强论点的说服力。

下面，我们结合具体案例来分析。比如某食品公司员工提出“进军东南亚婴幼儿食品市场”的论点，他使用了三个论据来证明自己的论点，如图8-6所示。

当你想进一步增加论据时，正确的做法不是新增论据4、论据5，而是对论据1至论据3进行细化，形成论据1-1、论据1-2、论据1-3等。

这样一来，既便于对方理解，又可以增强说服力。在这个案例中，如果对论据1进行细化，结果如图8-7所示。

论点 | 公司应该进军东南亚婴幼儿食品市场

↓

论据 1 | 日本婴幼儿食品市场受到低出生率的影响，已经进入衰退期了

↓

论据 2 | 竞争对手相继进军中国婴幼儿食品市场，但是这个市场原本就有大量外资企业参与，中国企业也在这一领域不断发力，竞争非常激烈

↓

论据 3 | 在泰国、印度尼西亚和马来西亚等东南亚国家，婴幼儿食品市场方兴未艾，并没有多少有实力的竞争对手

图 8–6　用“一个论点 + 三个论据”阐述“进军东南亚婴幼儿食品市场”的理由

论据 1–1 | 从产品生命周期的角度来看，日本的婴幼儿食品市场已经处于饱和状态，结束了成熟期，正在迎来衰退期

↓

论据 1–2 | 随着日本晚婚和不婚人数急剧增加，婴幼儿食品的主要消费群体婴幼儿人口呈现出持续减少的趋势

↓

论据 1–3 | 目前完全看不到婴幼儿人口出现增长的迹象

图 8–7　对论据 1 进行细化

按照三的倍数对论据进行细化

在对论据进行细化时，应该注意保持三的倍数，具体理由将在下文中说明。

如果能对三个论据分别进行细化，并各列举出三个子论据，总计就可以有12个论据了。

如果直接罗列12个论据，就会令对方觉得论据数量过多，可能难以准确把握。但是，通过将论据分层，有利于对方理解论点，并提升认同感。

随着论据数量增加，信息量也会增大。在这种情况下，如果你仅仅口头汇报就难以清晰地表达论点和论据，因此你需要提前准备书面资料，从而帮助对方更加轻松地理解你的论点和论据。

在需要详细阐述的情况下，你可以按照三的倍数的原则，逐条对子论据进行细化分级，如图8-8所示。

在这种情况下，列出的论据达到了39条。读到这里，可能有人会质疑“这样会不会太多了”。但是，如果你深入研究一下企业经营决策需要考虑的外因、内因等，就会明白分三个层级的情况并不少见。

在“一个论点+三个论据”与PREP法配合使用的情况下，

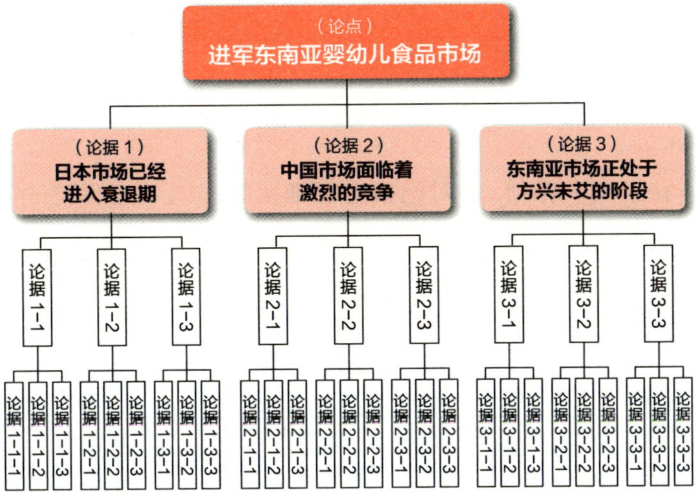

图 8–8　细化阐述“进军东南亚婴幼儿食品市场”的原因

PREP的“P”（结论）相当于“论点”，“R”（理由）相当于“论据”。

从这个角度来看，如果能列举三个论据，就可以充分发挥“PREP法”和“一个论点+三个论据”各自的优点，达到相辅相成的效果。

在阐述论点时应该充分发挥“三的魔力”

在上文中提到，在对论据进行细化时，“应注意保持三的倍数”。实际上，“一个论点+三个论据”中的“三”是非常重要的。

在阐述观点时，一般会“概括三个方面”的内容。由此可见，**“三”这个数字既不多，也不少，非常容易给人留下深刻的印象。**

与之相对，“一”个或“二”个方面的内容会给人一种不充分的感觉，“四”个方面的内容又会令人觉得只听一遍的话很难都记住。在认知心理学领域，“三”也是非常重要的数字。

在宗教和哲学领域，“三”也是个神奇的数字，基督教中有“三位一体”的说法，印度哲学讲究“三德”。

综上所述，许多人将“三”称为“具有魔力的数字”。实际上，本书中介绍的“空—雨—伞”和“3C分析法”都是由三个要素构成的。

在撰写报告或论文时，我们也要有意识地重视“三”这个数字。

比如在阐述“三个论点”时，每个要点都应该用一页纸的资料加以说明，总计需要准备三页纸的资料。

在有些情况下，仅用一页纸未必能表达出所有的信息，我们需要为每个要点准备三页纸，分别用来说明论点、论据和数据。

这样一来，在阐述三个论点时，每个论点都要准备三页纸，总计要准备九页纸的资料。

如果这样还不能充分表达观点，可以为每个要点准备九页纸的资料，用来说明论点、论据和数据。

我将这种现象称为**“三的魔力”**。

在上文所述的“向东南亚婴幼儿食品市场进军”的案例中，对**“一个论点+三个论据”进行细化分级的树状图，就充分体现了“三的魔力”**。

我们可以使用3页纸、9页纸、27页纸……撰写资料。如果我们能养成习惯，按照这种思维汇总资料，并设计“输出”的成果，必然可以大幅提升工作的质量和效率。

我在麦肯锡工作的时候，周围的领导和同事经常提醒**“在阐述观点时，要汇总成三个要点，这样就可以更加轻松地表达意图”**。

在制作展示资料、报告和方案时，**如果能够有意识地按照与“三”相关的数字来准备最终“输出”的成果，就可以更好地表达自己的想法和创意。**

像金字塔一样构建逻辑思维的“金字塔结构”

在本章的最后，我将向大家介绍制作“一个论点+三个论据”图表时可以充分发挥作用的框架——金字塔结构。

在最简单的金字塔结构中，位于顶端的是含有关键“结论”的标题，中间是推导出信息的“理由”，最后是“作为论据的事实”。

如果没有对作为论据的事实进行深入调查研究，理由和结论的可信度就不高，就难以取得对方的认可。

金字塔结构是像金字塔一样，从上至下列出结论、理由和作为论据的事实三大要素的框架，各要素之间必须相互支撑，不能出现逻辑上的漏洞。

如果理由和事实出现任何问题，或者发生意外情况，金字塔结构都会彻底崩塌，从而丧失说服力。当然，与其他框架相同，金字塔结构也可以用来处理日常生活中的私人事务。

下面，我将以制定“在托业考试[①]中得到900分以上”的目标为例进行分析，如图8-9所示。

作为理由，主要包括“作为英语培训教师，希望提升自己的

---

① 托业考试 (TOEIC Tests) 是由美国教育考试服务中心开发的测试。这是专门针对在国际工作环境中使用英语交流的人们的英语水平测评和考试。

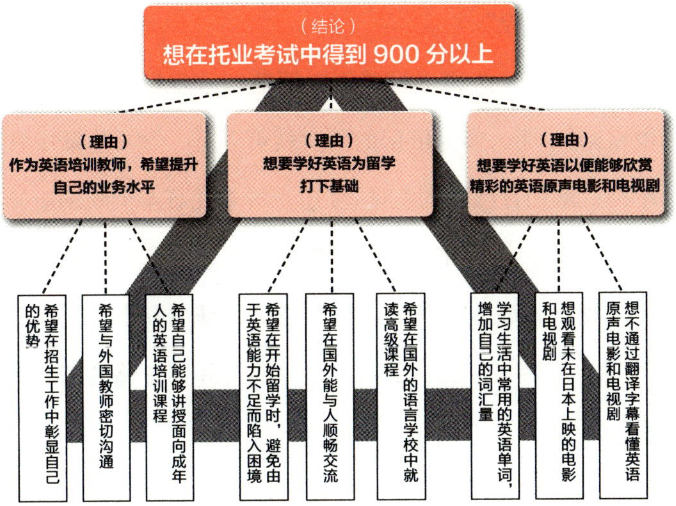

图 8-9　金字塔结构的应用

业务水平”“想要学好英语为留学打下基础”“想要学好英语以便能够欣赏精彩的英语原声电影和电视剧”。

如果理由是“作为英语培训教师，希望提升自己的业务水平”，那么作为论据的事实就可以是“希望在招生工作中彰显自己的优势”“希望与外国教师密切沟通”“希望自己能够讲授面向成年人的英语培训课程”。

如果理由是“想要学好英语为留学打下基础”，那么作为论据的事实就可以是“希望在开始留学时，避免由于英语能力不足而陷入困境”“希望在国外能与人顺畅交流”“希望在国外的语言学校中就读高级课程”。

如果理由是“想要学好英语以便能够欣赏精彩的英语原声电影和电视剧”，那么作为依据的事实就可以是“学习生活中常用的英语单词，增加自己的词汇量”“想观看未在日本上映的电影和电视剧”“想不通过翻译字幕看懂英语原声电影和电视剧”。

如果我们通过金字塔结构整理结论、理由和事实，就**可以增强成果“输出”的说服力**，从而提出令上司和客户感到满意的报告或方案。

使用本章中介绍的框架，我们**可以高效、简洁地表达自己的观点，确保与对方顺利地进行沟通交流**。在日常生活和商务场合中，这无疑是一件有力的“武器”。

第九章

采取行动，改进措施，实现目标的“体验式学习模型”

本章介绍的其他框架：PDCA 循环

解决问题有两种基本方法

无论是谁，都或多或少会面对各种问题和困难。在工作和日常生活中，我们都会设法解决眼前遇到的问题，比如“针对这个问题，我要做××”“希望通过××改善现在的局面”等。

实际上，解决问题又分为两个层次。

第一个层次是只解决眼前发生的问题。

比如针对“头痛”的问题，有人会采取“吃止痛片”的应对方法。结果，头痛可能在短时间内得到缓解，甚至完全不痛了。

这种解决问题的方法是典型的“头痛医头”，也就是通过“吃止痛药”来解决“疼痛”的困扰。

由于疼痛消失了，因此算是暂时解决了问题。但是，这样的做法在许多时候并没有从根本上彻底解决问题，当止痛药的效果消失后，疼痛很可能再度来袭。

假设疼痛的原因是脑部血液循环不畅造成的，这个人就应该立即前往医院就诊，并开始服用疏通血管和改善血液循环的药物。

此外，为了改善血液循环，他还需要养成良好的生活习惯，比如多运动，以保持健康。

这是解决问题的第二个层次，可以说是“真正去解决问题”。

也就是说，解决问题的第一个层次是“从表面上解决问题”，解决问题的第二个层次是“在深层次解决问题”。

你想在哪个层次上解决自己面临的问题，决定着解决问题的精确度和效果。

“头痛医头”是难以真正解决问题的

下面，我结合具体案例进行分析。

假设你是自助洗衣店运营公司的市场营销负责人，必须解决A门店营业收入大幅下降的问题，力争尽快打开局面。

你对A门店周边的环境进行了调查研究，发现最近几个月连续出现了多家竞争对手开设的门店。这些门店打着开业庆典的名义，积极举办酬宾活动，开展多种形式的促销活动。

了解到这些情况后，你判断“受开业酬宾活动吸引，大量顾客流向了竞争对手的门店”。于是，你提出举办促销活动作为解决问题的方案，与竞争对手正面对抗。

你选择了投放宣传单的方式开展促销活动。持宣传单进店消费的顾客可以享受折扣，并且你确定的折扣力度大于竞争对手。

结果，在投放宣传单后的数天内，来店顾客人数呈现出了增加的趋势。但是，在促销活动结束后，来店顾客再次减少，营业收入回落到之前的水平。

你对营业收入下降感到很焦虑，于是提议再次举办打折促销活动，但是上司认为这样的活动效果不理想，没有批准你的提议。

这令你感到进退两难，苦恼万分。

我们回头看一下你解决问题的方式。

为了解决营业收入下降的问题，你采取了打折促销的应对措施，试图提振营业收入。实际上，这仅仅是一种“头痛医头”的问题解决方法，难以真正解决问题。

如果只是停留在“头痛医头”的层面是不能从根本上解决问题的。你今后还会反复遇到类似问题，从而导致你无法实现最初设定的目标。

换言之，在发生问题后，如果你不能找出导致问题的真正原因，思考有效的解决方案，并在恰当的时机采取行动，你是无法从根本上解决问题的。

下面，我们深入分析一下打折促销解决方案无法取得长期效果的原因。

我们可以按照第一章中提到的“空—雨—伞”的框架来思考解决方法，如图9-1所示。

你可能经过了充分的论证和思考，但是打折促销并没有取得理想的效果。这说明肯定存在着你没有看到的“陷阱”。

空（事实）　与上一年同期相比，A 门店的营业收入不断下降

↓

雨（解释）　周边的竞争对手不断增加，采取打折促销等措施抢占市场
A 门店的吸引力不断下降，顾客逐渐流向竞争对手的门店

↓

伞（解决方案）　A 门店也认为有必要采取打折和促销等措施，以便从竞争对手手中抢回顾客。一旦顾客回归 A 门店，就可以感受到 A 门店的优势，从而继续在 A 门店消费

图 9-1　使用“空—雨—伞”思考解决方案

不仅要分析“竞争对手”，还应该从“客户”和“公司”的角度出发思考问题

由于上司一再要求“从客户的角度出发思考问题”，因此你再次使用“空—雨—伞”的框架对A门店的现状进行了分析。为了保证“从客户的角度出发思考问题”，这次你特意结合3C分析法进行了综合研究。

在上一次的调查过程中，在发现竞争对手采取了打折促销的措施后，你就一直围绕竞争对手思考问题，忽视了其他因素。因此，你提出的解决方案也都聚焦于如何与竞争对手展开竞争。

在此次调查中，**你需要从3C的角度思考问题，不仅要考虑竞争对手的情况，也要考虑客户和公司的情况。**

你带着“什么样的顾客会去竞争对手的门店消费”的疑问开展了预先调查，主要想了解竞争对手门店的实际状况和顾客的行为。

结果，你发现竞争对手的门店中分别设置了五台大型洗衣机和五台大型烘干机。这两种类型的设备都面向顾客提供全天候服务。

A门店处于居民区，属于家庭聚居的地带。居民们平时会带着被子、褥子、毛毯、床垫、棉衣以及大型窗帘前往店里，使用

自助洗衣机进行清洗。

A门店属于投币式自助洗衣机连锁店的典型配置，虽然也设置了五台大型洗衣机，但只有两台中型烘干机。顾客在清洗、烘干被褥和窗帘时，感到非常不方便。许多顾客会在洗被褥和窗帘的时候顺便清洗其他衣物。因此，由于烘干不便，顾客开始流向竞争对手的门店。

在考虑“竞争对手”的基础上，你又从“客户”和“公司”的角度出发，进行了深入思考，进而发现了第一次调查时没有发现的“事实”。

在这些“新”的事实的基础上，你有了新的思路，提出了新的解决方案。

更换设备需要耗费成本和时间。从预算以及场地条件来看，也没法一下子增加三台大型烘干机。

实际上，如果顾客只是需要烘干一床被子的话，使用中型烘干机处理就绰绰有余了。与大型烘干机相比，中型烘干机的使用费用是非常便宜的。因此，你制作了宣传中型烘干机性价比的传单，并向社区的居民分发。

再加上公司正在推广的箱柜委托租赁保管业务，为客户提供被褥和衣物寄存保管服务。这可以与自助洗衣业务形成有效互补，比如顾客可以将清洗并烘干的冬季用的被褥和衣物寄存到第二年。

这个创意是你在对顾客进行大量走访调查的过程中发现的。许多顾客抱怨“没有收纳空间放置被褥和衣服”，这让你找到了灵感。

宣传中型烘干机性价比的活动发挥了作用，顾客逐渐回到A门店消费了。此外，保管和寄存服务也备受欢迎，备受顾客欢迎，这不仅赢得了老顾客的认同，还成功地招揽了许多新顾客。

下面，我们再次使用“空—雨—伞”的框架，对这一系列的解决方案进行梳理，如图9-2所示。

空（事实） 与上一年同期相比，A门店的营业收入不断下降

↓

雨（解释） （竞争对手）周边的竞争门店不断增加，它们在洗衣机、烘干机等设备上投入大量资金，从A门店抢走了许多顾客
（客户）A门店处于居民区，属于家庭聚居的地带，顾客对于被子、褥子、大型窗帘等的清洗和烘干需求非常旺盛
（公司）A门店缺少大型烘干机，无法满足顾客家庭层面的需求。但是，由于公司正在推广箱柜委托租赁保管业务，因此可以与投币式自助洗衣机业务组合，从而创造出新的需求

↓

伞（解决方案） 实施面向家庭的促销活动，从竞争对手手中抢回顾客。同时，充分发挥投币式自助洗衣机业务和箱柜委托租赁保管业务组合的优势，开始提供被褥、衣服的保管和寄存服务

图9-2 将“空—雨—伞”和3C分析法结合思考解决方案

结果，老顾客都回来了，新顾客也大幅增加，A门店创造出了稳定的营业收入和利润。A门店被公司列为示范店，公司开始向其他门店推广A门店的经验和模式。

通过组合使用“空—雨—伞”和3C分析法，我们可以真正做到不遗漏地推导出真正解决问题的有效方法，避免了停留在问题表面，陷入“头痛医头”的陷阱。

将具体经验固化为通用性工具的“体验式学习模型”

实际上，在解决A门店问题的过程中，你已经在无意中应用了大卫·库伯[①]提出的“体验式学习模型”（Experience Learning Model）。

库伯应用了著名教育学家约翰·杜威[②]提出的“学习理论”，并对其进行了优化和完善，确保了该理论在商业领域的实用性。

库伯将从自身实践经验中学习知识的行为称为“体验式学习”。库伯认为在运用既有体验或体验过程中学习到的理论和技术时，存在一个不可或缺的流程。于是，他将这一流程总结成了理论，并提炼固化为具有实践意义的框架，这就是体验式学习模型。

库伯充分汲取了哲学家唐纳德·舍恩[③]提出的“反思性实践理

① 大卫·库伯（David Kolb，1939—），美国凯斯西储大学知名教授，美国社会心理学家、教育家，是著名的体验式学习大师。他提出了体验式学习的概念，认为体验式学习过程是由四个适应性学习阶段构成的循环，包括实际体验、反思性观察、抽象与归纳、主动实践。

② 约翰·杜威（John Dewey，1859—1952），美国著名哲学家、教育家、心理学家，实用主义的集大成者，也是机能主义心理学和现代教育学的创始人之一。

③ 唐纳德·舍恩（Donald Schon，1930—1997），美国教育家、哲学家，美国“反思性教学”思想的重要倡导人。

论”的精髓，完善了“体验式学习模型”的理论，提高了认知水平，一举奠定了“体验式学习模型”作为实用性框架的地位。

下面，我们就体验式学习模型进行具体分析。

体验式学习的循环是**由“实际体验”“反思性观察”“抽象与归纳”和“主动实践”四个流程构成**的，如图9-3所示。

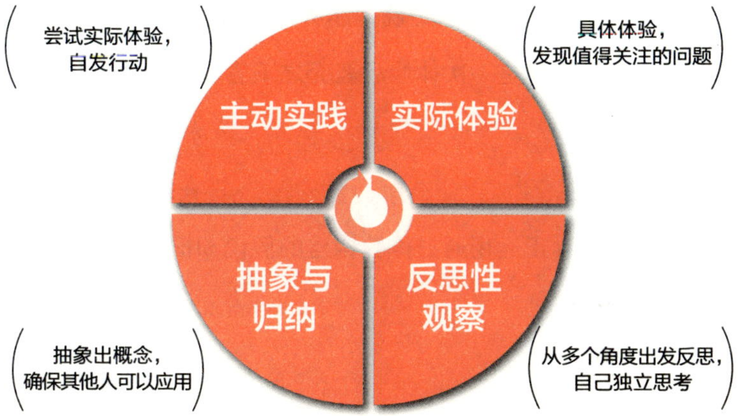

图 9-3　体验式学习模型

整个循环是从**“实际体验”**开始的。在之前提到的案例中，由于自己负责的工作出现了问题，于是你前往现场开展了多项研究，并亲自走访调查。

接下来的**“反思性观察”是指“在离开出现问题的现场后，从**

多个角度出发反思自身行为和体验所代表的意义，并做出定性的结论”。在这一环节中，你可以从多个角度出发，对自己的体验进行彻底总结，反思经历的事情和收集的数据，从中发现值得关注的问题和创意，并提出有效的假说。

第三个流程“抽象与归纳”是指“对自己的体验进行抽象和归纳，形成普遍性、概念性、抽象性的知识和框架，以便在其他情况下可以灵活应用”。也就是说，你从反思观察后的内容中抽象出新的概念，目的不是一次体验后就弃之不管，而是要发现普遍适用的工具。

最后的“主动实践”是指行动和实践。在“体验式学习模型”中，只有真正运用通过体验构建的假说和框架开展实践，才是具有重大意义的。

通过坚持不懈地思考，催生精彩的假说和创意

在体验式学习模型中，最重要的阶段是“反思性观察”，最关键的秘诀是“永不放弃”。

你在刚开始接触时，会对麦肯锡的咨询顾问产生一种从容淡定地推进工作的印象。实际上，我觉得他们中的许多人都具备“工匠精神”。

这里的“工匠精神”是指“无论遇到多少困难挫折，始终坚持，永不放弃”的精神。为了完成“卓越的工作”，企业特别需要这种具有工匠精神的人。

在刚开始时，“卓越的工作”往往只是突然闪现出的灵感，之后需要通过逻辑证明灵感是否合理、可行。实际上，要想将灵感与逻辑联系在一起，是非常困难的。这是因为在发现灵感成立的证据之前，你需要反复分析论证，实施各种调查，必须坚持不懈地缜密思考和深入研究。

为了解决问题，你必须时刻坚持问题导向，多问问自己“目的是什么”“真正的问题是什么”。在明确存在的问题之后，你还要接着问自己“有效解决这些问题的方法是什么”。

这样一来，在反复问“为什么”的过程中，你可以坚持问题思

维和问题导向，从而激发创新活力，催生合理的设想和创意。

在上文提到的A门店的案例中，第一次实践是以失败告终的，究其原因，主要是因为你在分析问题原因方面不够深入、细致。

也就是说，针对“与上一年同期相比，A门店的营业收入不断下降”“周围不断出现竞争对手的门店”“竞争对手的门店积极开展打折促销活动”等事实，你并未深入地进行分析，就武断地得出了“由于未参与价格战，导致了顾客流失”的结论，最终酿成了失败的苦果。

由此可见，**不合理的假设必然会导致不合理的决策**。

如果严苛一点来说，由于你反思的结果不符合实际，第一次的促销活动白白浪费了宝贵的时间和成本。如果你当时能够采取有效的解决方法，必然可以实现盈利，但就因为这个失误，导致A门店在营业收入和利润方面蒙受了损失。

与之相对，在第二次实践中，你完全遵循了体验式学习模型。

第一次的失败提供了经验和教训，在第二次实践的“实际体验”和“反思性观察”阶段，你使用了3C分析法，从“竞争对手”“客户”和“公司”三个角度出发思考问题，最终取得了理想的效果。

下面，我们运用体验式学习模型，对A门店的案例进行梳理和分析，并总结经验，如图9-4所示。

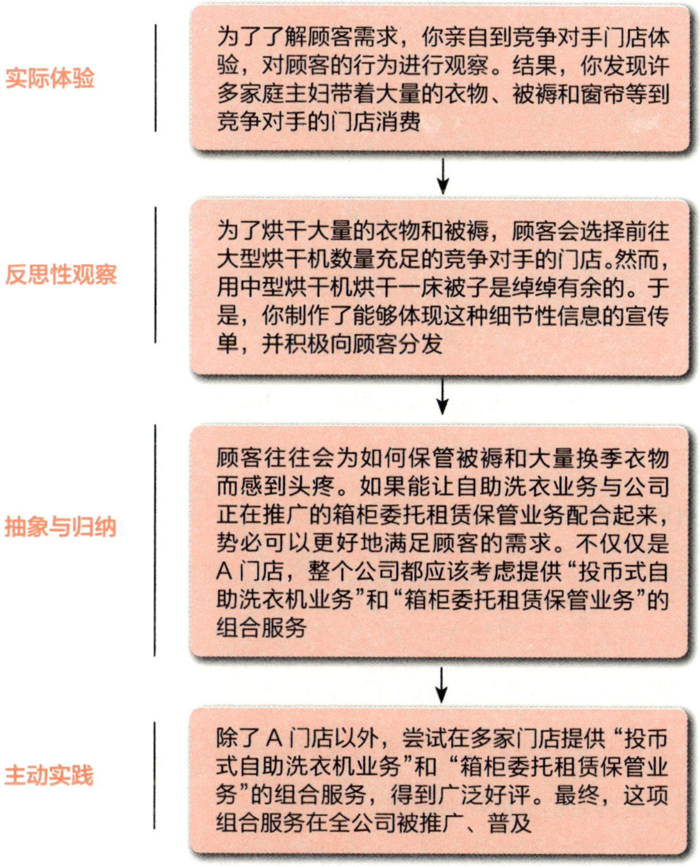

图 9-4　运用体验式学习模型对 A 门店的案例进行梳理和分析

完善业务流程，提升工作实效的“PDCA循环”

在上文中，我以A门店的案例为基础，就体验式学习模型进行了分析说明。实际上，通过与“PDCA循环”配合使用，我们可以进一步提升体验式学习模型的使用效果。

许多商界精英可能早就意识到了PDCA循环的重要性，并在工作实践中积极应用了。但是，我在这里还是要向读者朋友们推荐一下PDCA循环。**PDCA循环是通过重复Plan（计划）、Do（执行）、Check（检查）和Action（行动）的循环，逐渐完善业务流程，提升工作实效的框架，**如图9-5所示。

实际上，PDCA循环是由美国著名统计学家爱德华兹·戴明[①]对有“日本生产管理教父”美誉的大野耐一[②]提出的理论进行体系化梳理和完善后创造的经典框架。

下面，我将按照各个阶段对PDCA循环进行分析。

在Plan（计划）阶段，要先提出问题，制定解决方案。在这种

① 爱德华兹·戴明（Edwards Deming），世界著名质量管理专家，因对世界质量管理发展做出的卓越贡献而享誉全球。

② 大野耐一（Taiichi Ohno 1912—1990），著名的丰田生产方式的创始人，被日本人称为“日本复活之父”“生产管理教父”“穿着工作服的圣贤”。

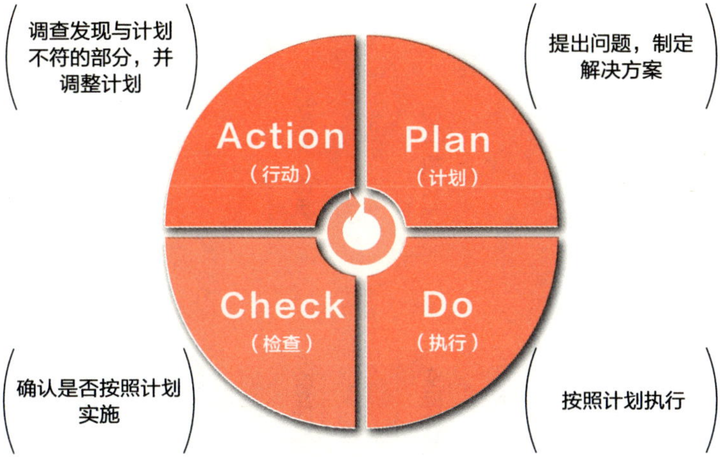

图 9-5　PDCA 循环

情况下，我们需要明确设定后续评估时便于使用的具体数值、时间和目标，这一点至关重要。

在Do（执行）阶段，主要是以Plan（计划）为基础，执行解决方案。

在Check（检查）阶段，主要是对执行计划的结果进行检查，重点评估是否完成了设定的目标。

在Action（行动）阶段，如果发现问题没有得到解决或者解决得不充分，我们就**需要修改或调整计划。**

关于PDCA循环和体验式学习模型的比较，如图9-6所示。

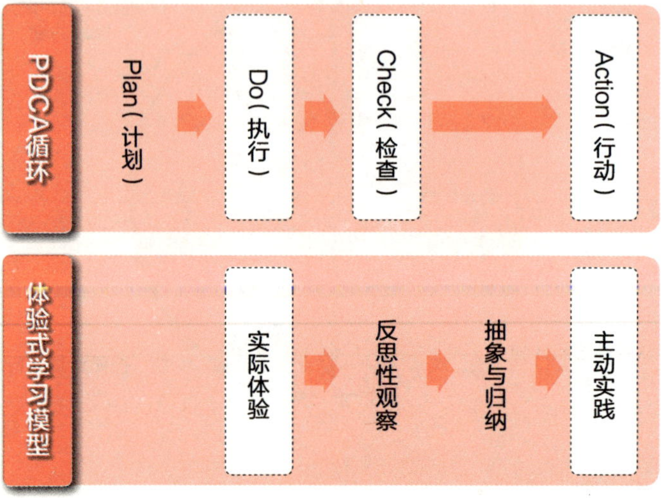

图 9-6　PDCA 循环和体验式学习模型的比较

由此可见，两者之间是相辅相成、互为补充的。在使用其中一个框架时，如果我们能够参考另一个框架的思维方式，就可以进一步提高工作效率。

具体来说，就是在体验式学习模型的实际体验之前，增加PDCA循环的Plan（计划）环节；在PDCA循环的Check（检查）环节中，有意识地发挥“反思性观察”和“抽象与归纳”的作用。

综上所述，体验式学习模型和PDCA循环两种框架具备极高的互补性。通过发挥两者之间相辅相成的作用，我们可以达到事半功倍的效果。

坚持不断向优秀的人学习

在体验式学习模型中“反思性观察”的阶段，我们需要注意**避免单纯地自我设计和自我满足。**

为了确保正确的方向，我们需要不断向优秀的人学习，获取让自己进步的养分。

当我还是麦肯锡的初级商业分析师时，大前研一和经理们经常对我说：“你一定要多读商业分析报告。只有当你读过的商业分析报告叠加起来的高度超过你的身高时，你才算是入门了。”

那么，为什么读商业分析报告对商业分析师这么重要呢？这是因为阅读商业分析报告，有利于商业分析师**直观地判断针对什么样的问题应该采取什么样的解决方式、究竟哪种假说更为有效。**

也就是说，**通过向优秀的人学习解决问题的流程，我们可以训练自身解决问题的思维。**

实际上，只需要通过浏览之前的商业分析报告，我们就可以在一定程度上明确解决问题的具体方法和思路，比如“当遇到什么样的问题时，应该使用什么样的框架”“当面对解决问题流程的某个场景时，应该如何使用框架”等。

当然，在现实工作中，几乎没有完全相同的两个案例。面对同样的问题，不同的人选择的问题解决方法也不尽相同，喜欢使用的框架更是各具特色，带有很深的个人烙印。

但是阅读大量的商业分析报告，可以帮助我们培养正确的思维方式和思维逻辑。我们应积极地参考自己所在行业发生过的优秀案例，以提升自己的工作效率。

积极学习并运用上司和资深同事的经验和智慧

在职场中，从提升工作技能的角度而言，独立思考解决问题的方法、提出假说并付诸行动是非常重要的。

然而，没有人能从一开始工作就表现得完美无瑕。几乎没有人可以在什么都不懂的情况下，突然变成行家里手，能够独当一面。

正因为如此，我们不能光是学习优秀案例，还要**积极向上司和资深同事学习，学会借用他们的经验和知识**，这是至关重要的。

麦肯锡的新人也是如此。

当我还是一名新人的时候，我将自己绞尽脑汁、反复设计的问卷方案交给资深同事把关，每次都会有很多地方被红笔批注。

最开始时，我还觉得很纳闷，心里暗自揣测“这究竟是什么意思”。在对被指出的内容进行认真确认后，我发现这些批注全都是合理的，也是我应该虚心接受的。

比如在某个关于顾客在餐厅消费的动机的问卷中，我设计的问题是：“你为什么会选择在这家餐厅消费？”结果同事反馈回来的红笔批注是：“So What？”（因此，结果是？）

确实如此，如果光是提出“你为什么会选择在这家餐厅消费？”的问题，我们得到的往往是一些浮在表面的答案，比如“因为想要吃午饭了”“因为习惯了”“因为甜点很好吃”等。

然而，我们想要了解的并不是这些表面的答案，而是与“这家餐厅能吸引顾客到店消费的真正因素是什么？”这一本质假设相关的回答。

为了实现这种“深刻的反思性观察”（内因），我必须设计出能够深入挖掘对方潜在的嗜好、兴趣和需求的提问。

正因为如此，资深同事才会主动发挥“传帮带”的作用，通过用夸张的满篇红笔批注的方式，引导新人将注意力真正聚焦于关键的问题上。

现在回想起来，正是因为得到了那些将“问题”直接反馈回来的资深同事的真诚教诲，我才能逐渐成长为一名合格的咨询顾问。

如果你的身边有值得自己学习的人，时不时让你想要去“听听那个人的意见”，那么一定要将自己写的报告和方案交给他把关！这样一来，你必然能够得到有益的建议，并发现值得深入研究的问题。

无论是什么工作，如果没有适当的经验“输入”，就无法实现优秀的成果“输出”。如果你一味依靠自己手头掌握的信息提出一些灵光一现的设想，那你与真正从本质上解决问题就还会存在着巨大的差距。

为了避免出现这种问题，你平时就应该拓展自己的关系网，珍惜与自己谈得来的上司和资深同事，并积极与具备专业知识的人士加强沟通、交流，不断增加自己的信息储备和人脉资源，这一点至关重要。

后 记

在我刚进入麦肯锡不久的时候，有一次上司要求我调查某行业的动向并形成报告。当时的我还是个新人，根本不知道应该调查什么和如何总结，于是我就采取了最为保险的做法，将市场规模、市场主要参与者的营业收入变化情况等自己能搜集到的所有信息都汇集起来，形成一本厚厚的资料提交给了上司。

然而，上司只是瞥了一眼，就劈头盖脸地提出了一大堆问题："你有没有遗漏信息啊？你最终想要表达什么呢？如果你是这家公司的员工，你能从这份材料中了解自己接下来应该做什么吗？"面对这一连串的问题，我在瞬间就蒙了。

"咨询顾问的工作成果不能像《经济白皮书》那样简单罗列信息，而是要提出具体的计划方案和解决方法"，我对这句话印象至深，时至今日仍然能够清晰地记住。

如果我们只是搜集信息然后罗列出来，在现实工作中根本无法发挥作用。当时，我从心底深切地感受到了"运用框架思考解决问题的方法"的重要性。

"框架"其实就是"信息 × 切入点"。

在当今信息爆炸的时代，社会上充斥着数量巨大的信息。我们应该从什么样的切入点入手对这些混乱无序的信息进行梳理呢？选择的切入点不同，解释方法和结论会发生变化，我们自然也就会采取不同的行动。框架是引导我们如何选择切入点的重要工具。

本书中介绍的框架都是我在从事咨询顾问工作时实际使用过的，具有极强的实用性和通用性。通过精准发现原因和提出解决方案，我们可以大幅提升工作效率。由于可以充满自信地做出决定，因此我们决策的准确度和速度都会提升，真正达到“高效”的水平。

在最开始时，你可以依葫芦画瓢，全般模仿。请务必相信我，你应当试着在自己的工作和生活中，积极运用本书中介绍的各种框架梳理课题和做出决策。

使用的时间越长、次数越多，你就越能切实地感受到这些框架对于思维和行动的助力效果。

最后，在开始提笔创作时，为了深入了解他人的想法，我还亲自征询过在大学就读医学专业的侄子大岛千寻的意见。我借此机会，一并表示对他的感谢！

如果本书能为各位读者工作进步和生活顺利提供助力，就是我至高无上的荣幸！

大岛祥誉